LEXIKON DER
PHYSIKALISCHEN
FACHBEGRIFFE

NOCH DICKERE AUFLAGE

Sabrina Notka

UNTER BÜCHERN

ENTHÜLLUNGEN
eines
INSIDERS

Editions Guy Binsfeld

psst...

Ein Buch, wenn es so zugeklappt daliegt,
ist ein gebundenes, schlafendes, harmloses Tierchen,
welches keinem was zuleide tut.
Wer es nicht aufweckt, den gähnt es nicht an;
wer ihm die Nase nicht gerade zwischen die Kiefern steckt,
den beißt's auch nicht.

Wilhelm Busch (1832 – 1908),
deutscher Schriftsteller, aus *Eduards Traum*

Enthüllungen? Welche Enthüllungen?

Muss das jetzt sein? Ich hatte einen stressigen Tag. Mein Buch-Rücken tut weh. Und so wie Sie an den Seiten herumreißen, wird es nicht besser. Wie, interessiert Sie nicht? Jeder Hinz und Kunz denkt, er könnte ein Buch jederzeit einfach so aufschlagen. Tag der offenen Tür, hereinspaziert! Keiner fragt, ob das Buch überhaupt Lust dazu hat, gelesen zu werden. So ist das heutzutage. Na ja, immerhin sagen Ihnen Bücher etwas. Kann ja nicht jeder von sich behaupten.

Literatur ist sowieso eine ganz gehörig schwierige Materie, lesen anstrengend, macht eh keiner mehr, sagen alle schon seit Jahren, was nicht stimmt, weil ich immer noch so oft gestört werde und Leute wie Sie Ihre Nase … Sie sind ja immer noch da? Was möchten Sie eigentlich von mir? Unterhalten werden? Mal sehen, wie ein Buch so tickt? Nur weil draußen „Enthüllungen" draufsteht? Sie haben sich Ihren Namen doch auch nicht ausgesucht. Aber bitte, dann erzähle ich Ihnen, was da so getuschelt wird im Bücherregal. Und denken Sie nicht, Sie kommen ungeschoren davon. Ich werde Fragen aufwerfen – das machen gute Bücher so. Ist hier ja schließlich kein Fernsehen. Noch können Sie mich natürlich zum Weiterschlummern in den Schrank zurückstellen. Deal? Ach, Sie sind aufdringlich, wie ein Eselsohr!

Na gut, dann blättern Sie mal um. Aber ganz vorsichtig, bitte! Ich hab' doch „Buch-Rücken!"

Gestatten, my life.

DER AUTORENFLÜSTERER

Über die Kleinbuchjahre und die Pubertät eines Textes

Halten wir fest: Ich kenne Sie nicht und Sie kennen mich nicht. Gut, machen wir das Beste daraus. Sie interessieren sich also für das Privatleben eines Buches? Na ja, sowas soll vorkommen. Will man ein Buch verstehen, muss man seine Familiengeschichte kennen. Reden wir also am besten gleich über Mama oder Papa. Ihnen sicherlich besser bekannt als Autor. Das ist lateinisch (*auctor*) und steht für Urheber oder Schöpfer.

Mamas und Papas sind in der Regel Leute, die gerne alleine stundenlang in ihren Zimmerchen sitzen und dabei enorm viel Spaß haben. Komisch? Nö, Autoren halt. Die müssen so sein, sonst entstünde ja kein Buch. Wie ziehen Mamas und Papas ihre Texte auf? Das ist ganz verschieden. Von anti-autoritär bis streng ist alles dabei, sage ich Ihnen. Es gibt kein richtig oder falsch. Es zählt nur der innere Kompass des Autors, der ihn zu immer neuen Gedanken und Geschichten führt. Mal schnell und wie im Rausch, mal langsam über Jahre. Mal gar nicht.

Allgemein können wir Bücher drei elementare Elterncharaktere unterscheiden:

1) Nicht wenige Autoren kritzeln zunächst bei jeder passenden und unpassenden Gelegenheit erste Satzfragmente in Notizbücher, auf Bierdeckel oder Werbeprospekte. Dann kommt ihnen im Idealfall irgendwann DIE Idee. DIE Idee versetzt Autoren nicht selten in einen Zustand der wohligen Hyperaktivität. Die Nacht wird zur Geburtsstunde der geistigen Ergüsse, die Wiege für nie gesehene Figuren und Orte. Alle drei Tage sieht sich der Autor dann mit verzücktem Elternblick sein Manuskript an und denkt stolz: „Man, bist Du aber groß geworden."

2) Andere Autoren schockt DIE Idee bis ins Mark. Sie schreiben erst mal gar nichts, dann können sie es auch nicht vermasseln. Die Idee gärt wie ein guter Wein. Wobei manche Ideen so reif sind, dass sie schon wieder faul werden.

3) Dann gibt es noch jene Schreiberlinge, die keine Idee haben. Sie fangen aber vorsichtshalber schon einmal an zu tippen. Der Appetit kommt schließlich auch beim Essen.

Egal wie ein Manuskript entsteht, in dem Moment, in dem Sie es gedruckt als Buch in der Hand halten, haben Mama und Papa nichts mehr zu melden. Gelesen zu werden ist die Pubertät eines Textes, das Loslösen vom Elternhaus, das Entdecken neuer Blickwinkel und Sichtweisen. Der Philosoph Roland Barthes rief schon in den 60er Jahren mit diebischer Freude den „Tod des Autors" aus. Denn der Verfasser sei die Vergangenheit seines Buches. Die Gegenwart sind demnach ... Sie. Herzlichen Glückwunsch! Was Sie in uns Bücher hineinlesen, ist in der Tat ganz allein Ihr Kram. Sie ahnen es schon: Jeder Leser macht aus einem Buch ein anderes Buch. Jedes Wort, das Sie erfassen, gehört Ihnen. Sie können sich mit ihm identifizieren, es ablehnen, ihm erlauben, sich tief in Ihr Herz zu pflanzen oder sich mit ihm einfach nur etwas die Zeit vertreiben. Ein Buch wird für Sie das sein, was Sie es sein lassen. Es gilt zudem, die gute alte „Wiederlese-Weisheit", wie der Maler Fritz Vahle philosophierte: „Bücher wechseln mit dem Älterwerden ihren Inhalt."

Sie sehen: Mama und Papa sind eigentlich nur dazu da, damit Sie etwas zu denken haben. Zur Beruhigung, falls Sie einmal ein Buch schreiben möchten und den „Tod des Autors" eher unattraktiv finden: Im Klassenzimmer oder im Hörsaal ist der Verfasser noch von größter Bedeutung. Da wird stundenlang vor sich hin geknobelt, was der gute Mensch einem denn nun sagen will. Autorenintention nennt man das. Klappt aber nur, wenn der Autor auch eine Intention hat. Denn wie offenbarte der deutsche Schriftsteller Wilhelm Busch: „Gedanken sind nicht stets parat, man schreibt auch, wenn man keine hat."

Um dennoch irgendwie interpretieren zu können, werden Autorenbiografien bis in das kleinste Detail zerpflückt. Irgendwo muss es doch Gründe für das wirre Geschreibsel geben. Aha! Das Puzzle setzt sich zusammen! Der Autor hat seine – in traumatischen Kindheitserlebnissen wurzelnde – Angst vor Marienkäfern verarbeitet.

Offen ist nur noch die Frage: Hat die Literatur dabei sein Leben verändert oder sein Leben die Literatur?
Und was ist mit den Marienkäfern?

✎ AUFGABE:
....

Es gibt Autoren von denen man sich eine Scheibe abschreiben kann. Welchen Satz aus einem Buch finden Sie fantastisch, inspirierend, wahr, weise, also schlichtweg genial? Notieren Sie ihn bitte hier. Ich möchte mich mit fremden Federn schmücken.

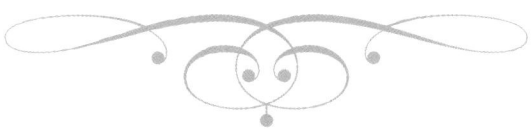

P.S. *Haben Sie eigentlich auch schon mal etwas Kluges ge-schrieben? Ah, gestern erst. Die Kündigung Ihres Mobil-funkvertrages? Und damit wollen Sie auf die Bestseller-liste? Na, Überraschungserfolge gibt es immer wieder.*

Wenn man es richtig macht, ist Schreiben Therapie, Reflexion, Selbstverwirklichung und Unterhaltung ... Doch Autor trägt nicht umsonst „Au" im Namen. Der Weg zum Schriftsteller ist lang, steinig, hart. Können Sie sich noch an Ihren Einstieg in die Welt der kleinen schwarzen Buch-staben erinnern? An den Moment, als Sie im Klassenzim-mer aus Wolken fallende Regentropfen gemalt haben, um so endlich das verflixte „i" zu lernen? (Der Klassiker, wie mir einige Schulfibeln anvertraut haben.)

Schulfibeln fiebern sowieso hautnah mit ABC-Schützen mit. Sie enthalten die ersten Texte, an denen sich kleine Erstklässler versuchen. Sie beobachten live, wie sie noch schwitzend an schwierigen Wörtern hängenbleiben – und erst den „Rittmus" und die „Mählodi" der Sprache ver-stehen müssen. Bis sie irgendwann merken, dass sie Herr über das Letterngewirr sein können. Und sich vor Ihnen plötzlich das Tor in eine neue Welt öffnet – und bei manchen auch sofort wieder zufällt.

„Bücher sind Schiffe, welche die weiten Meere
der Zeit durcheilen."

Francis Bacon (1561 – 1626),
englischer Philosoph

B

BUCHGESCHICHTE(N)

Meine Ahnenforschung

Ahnen Sie, wer Ihre Ahnen sind?

Adelige?

Aha.

Nur aus Interesse: Wo steht Ihr Schloss?

Kein Schloss da? Achso, die Ahnen der Ahnen haben es irgendwann vermasselt. Gescheiterte Spekulationen mit Rübensirup? Tragisch.

Fast so interessant wie Ihre Rübensirup-Saga sind meine erhellenden philosophischen Studien zum Dasein des Buches in Zeit und Raum: Wer bin ich? Woher komme ich? Bin ich überhaupt ein richtiges Buch? Fragen, die jedes tiefgründige Werk irgendwann beschäftigen, sofern es nicht völlig beschränkt ist und nicht mehr über den Regalrand schaut. Erste Orientierung in einer immer komplexer werdenden Welt liefert uns die UNESCO, die sich dankenswerterweise hauptberuflich mit den zentralen Fragen der Buchseele auseinandersetzt. Die UNESCO definiert ein Buch als eine „gedruckte, der Öffentlichkeit verfügbar gemachte, nichtperiodische Veröffentlichung mit mindestens 49 Seiten Umfang". Einen Moment bitte, ich muss schnell zählen … 49, 50, 51 … Uff, passt! Ach, ist das alles aufregend.

Und Sie bezauberndes Wesen wollen jetzt wirklich von mir die ganze lange Buchgeschichte hören? Och nee. Wir reden über viele, viele Jahrhunderte, das ist Ihnen aber schon bewusst? Haben Sie einige Wochen Zeit mitgebracht? Wollen Sie noch schnell auf die Toilette?

Ach wissen Sie was: Ich verweise Sie an meine Kollegen aus der Fachbuchabteilung, die sich ausführlich mit der Evolution des geschriebenen Wortes auseinandersetzen. Auf tausenden von Seiten. Die freuen sich außerordentlich, wenn sie mal jemand liest. Damit können Sie ganze Urlaube sinnvoll ausfüllen. Schöne Sache.

Darauf haben Sie auch keine Lust? Mmmh. Dann die Turboversion: *Papyrusrolle, Codex, Gutenbergs Geistesblitz, E-Book.*

Fertig!

Oberflächlich? Aber verdammt schnell!

Wobei das so alles auch nicht ganz hieb- und stichfest ist, wenn man hinter die Kulissen schaut. Psst! Lassen Sie uns da jetzt lieber leise darüber reden. Muss ja nicht jeder wissen. Ein Blick in mein „Stammbuch" verrät: Johannes Gutenberg hat den Buchdruck mit beweglichen Metalllettern um 1440 gar nicht erfunden. Zumindest nicht als erster ...

In Korea wurde anscheinend schon im 13. Jahrhundert hin und wieder auf diese Weise gedruckt. Durchsetzen konnte sich das Verfahren dort aber nicht, da das mühselige Setzen in einer Sprache mit mehr als 50.000 Schriftzeichen die Leute irgendwann in den gepflegten Wahnsinn trieb. Wie dem auch sei: Ich habe auch Vorfahren in Fernost. Aber der gute Johannes hatte noch mehr dunkle Geheimnisse. Herr Gutenberg hieß eigentlich Henne Gensfleisch zur Laden. Oh, der arme Junge. Vergessen Sie das schnell wieder. Sprechen Sie mir nach: „Johannes Gutenberg, Johanne Gutenberg, Johenne Gutenberg." So oder so, Gutenbergs Druckmaschine war in Europa der Startschuss für ein neues Buch-Zeitalter. Ein riesiger Evolutionssprung! Die Bücher, die bis zum Jahr 1500 entstanden sind, nennt man *Wiegendrucke* oder *Inkunabeln*. Das kommt von lat. *incunabala*, was u. a. Windel heißt. Süß! Ja, wir gedruckten Bücher steckten da noch so richtig in den Windeln.. Meine Ur, Ur, Ur, Ur, Ur, Ur, Ur... -Großbücher. Sie können ja mal ausrechnen wie viele urige „Urs" ich noch hinzufügen muss.

Sie haben immer noch nicht genug? Was wollen Sie denn noch wissen? Wie das war mit dem Papier? Ach herrje. Nein, Bücher waren nicht immer aus Papier. Papier gab's erst spät. Seinen Siegeszug trat es in Europa im 14. und 15. Jahrhundert an. Worauf vorher geschrieben wurde? Was weiß denn ich?

Man munkelt aber, dass in der Antike mit großer Begeisterung in Steinen herumgemeißelt wurde. Wer nicht steinreich war, nahm Wachstafeln. Die waren günstig und wiederverwertbar. Wie diese Zaubertafeln zum Wischen in Ihrer Kindheit. Heute heißt das Tablet. Papyrus war auch beliebt. Den konnte man so praktisch rollen.

Ab dem 4. Jahrhundert ist aber Pergament der Beschreibstoff der Wahl. Es handelt sich dabei um in Kalklauge gebeizte Tierhaut. Für einen Codex brauchte man schon mal rund 500 Schafhäute. Brrr. Also dann doch lieber E-Book statt Mäh-Book. Pergamente wurden immer wieder neu geschabt und überschrieben, denn sie waren teuer. Suchen Sie gerne Schätze? Auf Pergamenten findet man heute noch überschriebene

Originaltexte. Das ist spannend! Sie können mit neuen Techniken wieder lesbar gemacht werden. Wenn Sie einem Literaturwissenschaftler der Mediävistik eine echte Freude bereiten wollen, besorgen Sie ihm ein Pergament. Ein schönes altes Pergament voller Textreste nur für ihn alleine. Sie werden ihn für die nächsten Monate nicht mehr zu Gesicht bekommen.

Wie bitte?

Ihre Schwiegermutter hat sowas mit Mittelalter studiert?

Sind Sie sicher?

Sie haben aber unschöne Gedanken.

Irgendwann erfand man das Papier. Wie und wo genau weiß man nicht. Man vermutet China. Wie immer. Ab hier blicken wir dann auch auf meinen „Stammbaum". Papier ist das geniale Ergebnis eines Verfilzungsprozesses von quellfähigen Pflanzenstoffen. Sie werden einfach zu einem Brei zusammengekocht. Das erklärt den literarischen Einheitsbrei?

Na, das haben Sie gesagt.

Dieser Brei wird mit einem Sieb abgeschöpft. Das Wasser fließt ab und die Stoffasern lagern sich umeinander an. Ganz einfach. Das kann man sogar zuhause machen, wenn man sonst keine Hobbys hat. Aber unter uns, Papier ist immer eine nähere Betrachtung wert. Bevor es ja dann bald ins Reich der Mythen und Sagen verschwindet, was ich ja nicht glaube, weil das ist wie mit dem papierlosen Büro, wo ja offiziell auch nicht mehr gedruckt wird, aber alle noch viel mehr drucken ... Wie dem auch sei, begeben wir uns im nächsten Kapitel doch noch einmal so richtig schön auf den Holzweg. Blättern Sie mal um. Vorsichtig! Ich fürchte, das müssen wir noch mindestens 100 Seiten lang üben!

✏ <u>AUFGABE</u>:
....

Haben Sie zufällig mediale Fähigkeiten? Sie können eine Video-
kamera bedienen? Aha. Ich meinte aber eher so: Hokuspokus
fidibus ... Die Vergangenheit des Buches ist bekannt. Doch wie sieht
seine Zukunft aus? Malen Sie Ihre Vision in die Glaskugel. Wenn Sie
sie leer lassen, gehe ich davon aus, dass Sie denken, dass es bald
keine Bücher mehr geben wird. Es ist dann vielleicht besser, dass
Sie die Seite (vorsichtig) heraustrennen.

Exkurs

Papierdüfte und Holzwege

Der Stoff aus dem Bäume sind

$$C_6H_{10}O_5$$

Das ist das Passwort Ihres Computers? Kann ich ja nicht
wissen. Jetzt haben wir den Hackern verraten, was sie eh
schon wissen. Was für ein unerfreulicher Umstand. Hinter
dieser sympathischen Formel verbirgt sich aber auch unsere
Freundin die Cellulose. Ja, Cellulose. Nicht Cellulitis, das
ist was anderes. Cellulose ist die eigentliche Fasersubstanz
eines jeden Papieres. Aus ihr bestehen fast alle Pflanzen-
Zellwände. Bücher sind also Zellstoff für graue Zellen aus
dem Zellstoff grüner Zellen, oder so ähnlich. Aber Obacht!
Papier ist bösartig*. Man kann sich fies daran schneiden.
Also Sie, wir Bücher eher nicht. Tut wohl auch ein bisschen
weh. Der Begriff „Paper cut“ wird in der englischen Sprache

sogar dafür eingesetzt, um einen schmerzhaften Vorgang im Sinne der Redewendung „Kleine Ursache, große Wirkung" zu umschreiben. Dann lieber E-Books. Die sind sicherer. Obwohl elektronische Medien, die Eigenschaften ihrer haptisch und akustisch erfahrbaren Kollegen ja mit großem Eifer simulieren. Da knistert es dann leise aus dem Lautsprecher, wenn man eine Seite umblättert. Wie niedlich.

E-Books können aber noch nicht nach Büchern riechen. Pech für sie, denn die Leute stecken ihre Nase wahnsinnig gerne zwischen frisch gedruckte Seiten. Viele schnuppern beim ersten Kennenlernen ausgiebig an uns. Gut, ein wenig befremdlich finden wir das schon. Ist auch unhöflich. Aber echte Liebe geht nun mal durch die Nase, das hat die Wissenschaft ja längst erwiesen. Es gibt sogar Parfums, mit der Duftnote Buch. Kein Witz. Ich stelle mir das sehr romantisch beim Dîner vor: „Schatz, Du duftest heute Abend fantastisch nach Druckerschwärze mit einer Prise Cellulit ... Cellulose!"

* Vorsicht scharfe Kante.   Buch haftet nicht für seinen Leser!

„Von den vielen Welten, die der Mensch nicht von der Natur geschenkt bekam, sondern sich aus eigenem Geist erschaffen hat, ist die Welt der Bücher die Gewaltigste."

Hermann Hesse (1877 – 1962),
deutscher Dichter

C

COPYWRITE

Geistiges Eigentum und andere Geisteszustände

Sind Sie auch urheberrechtlich geschützt? Man muss sich gut urheberrechtlich schützen. Lernt man schon als kleines Manuskript. Wie schnell ist man kopiert, geteilt, verbreitet ... Fix geht das. Im Internet sowieso. Geistiges Eigentum wird gerne gemopst. Man braucht dafür ja auch weder ein Brecheisen, noch eine modische schwarze Mütze mit Schlitzen. Die bequemste Art zu klauen seit es Diebstahl gibt, quasi. Was ist denn nun geistiges Eigentum? Stellen Sie sich vor, Sie denken sich etwas aus. Etwas, das individuell, persönlich und kreativ ist, beispielsweise eine Geschichte. Unwahrscheinlich, aber Geistesblitze schlagen immer mal wieder ein. Dann werden Sie zum Urheber. Ihr Werk ist ein immaterielles Gut, das Ihr persönlicher Besitz ist. Kann man nicht anfassen, ist aber da. Sie können Nutzungsrechte einräumen, doch Ihre Ideen gehören immer noch Ihnen. Verwirrend, aber wahr.

Bevor unser Kumpel *Henne* den Buchdruck fast erfand, war geistiges Eigentum eigentlich kein großes Thema. Bücher wurden ja auch nicht verkauft. Der Lohn eines Autors war anderer Natur. Gesellschaftliches Prestige war dem Schreibkundigen eh fast sicher und ein netter Mäzen – idealerweise ein Fürst

– machten das Leben angenehm und sorgten für wirtschaftliche Absicherung. Auch wenn es den Urhebergedanken noch nicht in ausgeprägter Form gab, Autoren hatten schon ein untrügliches Gefühl für die Gefahren, die ihrem Baby in der weiten Welt zustoßen konnten.

Im Mittelalter lauerten Abschreiber darauf, ihre Frevel zu begehen. Davor hatte ein Verfasser durchaus begründete Angst! Man stelle sich vor: Die Verstümmelung und Entstellung seines Werks bei einer nachlässigen Vervielfältigung. Oder gar obskure Umdichtungen und Ergänzungen. Ein übler Autoritätsverlust. Was tun? Ein kleiner „Bücherfluch" war da eine einfache wie geniale Lösung. Eine liebenswerte Drohung an potentielle Missetäter, die Unheil vom Buch abwenden sollte. Eike von Repgow, der Verfasser des juristischen Werkes *Der Sachsenspiegel*, war da im 13. Jahrhundert besonders engagiert bei der Sache. Er wünschte jedem die Lepra an den Hals, der sein Werk verfälschte. Zudem baute er sicherheitshalber noch das Schmoren in der Hölle ein. Strafverschärfung mit Ewigkeitsanspruch quasi. Weiter so Eike, mach' Dir Freunde!

Sie sehen, Schreibfehler können schnell tödlich sein, meine Lieben. Der Urheberschutz für Bücher erlischt heute übrigens 70 Jahre nach dem Tod des Autors. Es gibt aber begründete Ausnahmen, wie den kleinen fliegenden Jungen. Laut einem englischen Gesetz von 1988 genießt der kleine fliegende Junge EWIGES Copyright. *Peter Pan* bekommt eine Extrawurst; tut dabei aber Gutes. Alle Rechte an den Büchern, Filmen und Theaterstücken vermachte sein Schöpfer Sir James Matthew Barrie dem *Great Ormond Street Hospital Children's Charity*, einem Londoner Kinderkrankenhaus.

✏ <u>AUFGABE</u>:

Schreiben Sie das Werk Peter Pan *in monatelanger Hand-arbeit ab. Andere machen Yoga, Sie widmen sich dem meditativen Vervielfältigen. Das wird ein neuer Trend, wenn man es gescheit vermarktet. Aber wehe Sie verschreiben sich oder dichten die Geschichte um! Eike von Repgow lässt grüßen.*

Oh, was sind denn das für lustige grüne Pünktchen auf Ihrer Nase? Ist das normal?

Verfluchte Bücher ...

Wunschzettel eines Buches

Happy Printday!

Ich wünsche mir dieses Jahr nur eine ganz kleine Sache zu meinem Drucktag. Nicht so oberflächliches Zeug wie die anderen
Bücher in meinem Regal. Die wollen mehr Seiten (Extensions),
einen Platz auf der Beststellerliste, einen goldenen Schutzum-
schlag ... Sowas.
Ich wünsche mir einfach nur einen Leser,
der mich zulässt,
der zwischen den Zeilen lesen kann.
Und mich nie fallen lässt.
Auch nicht, wenn er mit mir durch ist.

Und der mich ab und an – einfach auch mal zu-lässt.
(Mir wird aufgeschlagen immer so schnell kalt.)

Bitte, bitte!

D

DRUCKER-ZEUGNISSE

Von Bleiläusen und Hurenkindern

„Gott grüß die Kunst!"

Na, Sie sind heute aber unhöflich.

Sie müssen jetzt sagen: „Gott grüße sie!" Also die Kunst.
Alles klar? Gut, dann nochmal:

„Gott grüß die Kunst!"

Prima, wir wollen doch die Etikette wahren! Mit der Beherr-
schung dieses traditionellen Grußes der Buchdruckerzunft,
sind Sie gut auf unsere Reise zu Zwiebelfischen und Bleiläusen vorbereitet. Willkommen im Druckgewerbe! Wir
Bücher sagen zur Begrüßung übrigens auch gerne: „Komm,
lass' Dich drucken!" Aber unter uns: Ich rede nicht so gerne
über die Details des Druckes. So angenehm ist das nicht.
Und binden tut auch ziemlich weh. Wer schön sein will,
muss leiden. Besichtigen Sie doch lieber selbst eine Druckerei, davon profitieren Sie wesentlich mehr als von meinen
Horrorgeschichten als direkt Betroffener.

Viel lieber möchte ich Sie sowieso über meine Lieblingsworte unterrichten, die dieses äußerst sympathische Handwerk hervorgebracht hat. Auch wenn über ihnen bereits der Schleier der Vergangenheit ausgebreitet ist. Denn in der Branche hat sich in wenigen Jahrzehnten fast alles verändert. Die Setzereien sind verschwunden, die Digitaltechnik hat Einzug gehalten. Damit ist auch eine niedliche Tierart ausgestorben: die Bleilaus. Man soll und darf protestieren!

Bleilaus? Sie müssen wissen: Einst waren die Ausbildungsjahre im Druckerhandwerk lausige Zeiten. Kein Azubi, der nicht irgendwann mit den Bleiläusen Bekanntschaft machte. Wir sprechen hier über einen erheiternden Berufsscherz, bei dem ein nicht existierendes Tierchen die Hauptrolle spielt.

Doch wie funktionierte nun dieser Schabernack, der sich auch heute noch als gelungener Partygag eignet? (Sofern man ein Setzschiff zuhause hat, versteht sich. Aber wer hat das nicht?)

Hierzu ein kurzes Drehbuch:

Der Prolog: Berufserfahrene Kollegen und Azubi treffen sich in der Druckerei. (So ähnlich fangen handelsübliche Witze immer an, wieso weiß ich auch nicht. Witz kommt ja ursprünglich vom althochdeutschen Wort *wizzi*, was Verstand bedeutet. Das ist ja schon erstaunlich genug. Kennen Sie übrigens diesen tiefsinnigen Witz von den zwei Fröschen, die Fahrrad fuhren und … Ok, ist ja schon gut.)

Die Spannung wächst: Auf einem Setzschiff wird Wasser ausgegossen. Nach wenigen Augenblicken sind für alle die gemeine

Bleilaus und ihre Freunde sichtbar. Für alle? Nein, der Neuling kann schauen so viel er mag, keine Laus da. Peinlich. Da hilft nur eines: noch genauer hinsehen …

Das große Finale: Wenn nun der junge Bleilausforscher mit dem Gesicht nah genug am Schiff ist, schiebt ein älterer Kollege die Stege zusammen. Hui, das Wasser spritzt dem Opfer des Streichs mitten ins Gesicht. Das ist ein Hallo!

Im Druckerhandwerk sind auch sonst sehr ansprechende Begriffe entstanden. Besonders einfallsreich sind die Bezeichnungen für Fehler im Schriftbild. Heute gibt es solche Fehlerchen natürlich immer noch. Sie sind aber genaugenommen keine „Druckfehler" mehr, sondern entstehen beim Schreiben und Setzen des Textes am Computer. (Weiß auch Mark Twain und gibt Lesern gerne praktische Lebenshilfe: „Seien Sie vorsichtig mit Gesundheitsbüchern – Sie könnten an einem Druckfehler sterben.")

Ja, Bücher sind gefährlich. Wollen Sie mich nicht doch zumachen? Na gut, dann nicht. Einen Versuch war es wert.

Hochzeit

Das ist ein Satzfehler, bei dem zwei gleiche Wörter hintereinander erscheinen. Wie romantisch romantisch. Und eine tolle Definition für eine Hochzeit. Das macht ihr doch so gerne, oder? Nicht, dass ich mich da auskenne. Aber ist schon schön. Langes weißes Kleid und so. Ich würde auch gerne heiraten. Wenn Sie da was Nettes kennen … Gebildete Elitebücher mit ansprechendem Hardcover, zum Beispiel. Sehr attraktiv.

Grab

Jetzt wird es gruselig: Wenn fehlende Zeichen, sogenannte Leichen, eingefügt werden müssen, kann die betroffene Zeile zu lang werden. Ein Grab schaufeln bedeutet, mit typografischen Tricks zusätzlichen Platz zu schaffen. Sonst müsste der Rest des Absatzes neu umbrochen werden. Darauf hat aber keiner Lust. Dann lieber schaufeln.

Hurenkind

Böses Wort! Ich möchte nicht, dass dieses Wort in mir drin steht, es schauen ja vielleicht auch Kinder rein! Lektoriert das! Dann halt nicht. H. ist ein typografischer Ausdruck für einen fehlerhaften Umbruch. Die letzte Zeile eines Absatzes steht dabei als erste Zeile auf einer Seite und ist demnach verwaist. Allgemein ist dies in der Bi(bli)ologie bekannt als der natürliche Vorgang der „Zeilteilung".

Schusterjunge

Das wiederum ist die erste Zeile eines Absatzes, die als letzte Zeile alleine auf einer Seite steht. Das ist doch Stoff für einen feinsinnigen Rapsong über soziale Missstände. „Yeah, Schusterboy, alone am Ende of the Seite ... Yeah."

Zwiebelfisch

Ein Zwiebelfisch ist ein einzelner Buchstabe, der in einer anderen Schriftart als der restliche Text gesetzt wurde. (Warum das jetzt ausgerechnet Zwiebelfisch heißt, weiß ich nicht. Vielleicht war es das Leibgericht des Setzers in der Mittagspause. Mmmh, lecker Zwiebelfisch ...) Eines steht für mich mit meiner Buchstaben-Kenntnis fest: Hinter Zwiebelfischen verstecken sich diese jungen modebewussten Dinger. Eitle A's oder C's, die eine schnöde Helvetica-Schrift als persönliche Beleidigung empfinden. Man muss in einem Meer aus tausenden von Zeichen ja irgendwie auffallen. Sie färben sich dazu Ihre Haare grün, und Buchstaben gerieren sich fortan als Zwiebelfische. Ach, warten Sie mal, mein Nachbar das Lexikon weiß noch was! (*Wir müssen dem Lexikon jetzt UNBEDINGT zuhören. Es ist emotional instabil und fühlt sich wertlos. Seit Jahren hat es keiner mehr zur Hand genommen, weil alle nur noch dieses google fragen. Es hat auch Angst vor dem Altpapier. Armes Ding!*) Ah, Lexikon sagt, dass die echten Zwiebelfische mit Flossen und so, einst als minderwertiger Beifang galten. Damit konnte man nicht reich werden. Zu klein. Daher stand das Wort auch für „geringwertiges Zeug und Durcheinander". So kam der Begriff irgendwann in die Druckersprache. Ach so, danke Lexikon! Und gut siehst Du heute aus!

Eine Jungfrau ist dagegen eine Seite, die ohne

irgendeinen Fehler gesetzt wurde. Bitte einmal

laut klatschen. Ruhig etwas enthusiastischer!

Wenn sich Ihre Nachbarn beschweren oder

alternativ besorgt fragen, ob es Ihnen gut geht,

war es annähernd angemessen.

✎ AUFGABE:

Macht Ihnen Fehler suchen auch so viel Spaß? Im Gegensatz zu den beliebten Unterhaltungsrätseln „Finde, was hier nicht stimmt", wissen Sie in einem Buch oder der Zeitung vorher nie, wie viele liebevoll für Sie versteckt wurden. Das macht das Ganze sowohl schwieriger, als auch reizvoller. Die Schatzsuche am Frühstückstisch quasi. Dies geschieht selbstverständlich stets, um Ihre Aufmerksamkeit zu testen.

Nehmen Sie einen Monat lang regelmäßig Gedrucktes zur Hand und listen Sie hier gerne Ihre kuriosesten Entdeckungen auf.

PS: Wer in diesem Buch Fehler findet, darf Sie natürlich behalten.

*	Zeilen	Fehler
Text 1		
Text 2		
Text 3		
Text 4		
Text 5		

* Machen Sie die Probe aufs Exempel: Fehler sind normal, auf die Menge kommt es an. Eine Zeilen/Fehler-Ratio von 100:1 ist akzeptabel, eine Ratio von 10:1 wäre ein Skandal!

„Es wäre gut, Bücher zu kaufen, wenn man die Zeit, sie zu lesen, mitkaufen könnte, aber man verwechselt meistens den Ankauf der Bücher mit dem Aneignen ihres Inhalts."

Arthur Schopenhauer (1788 – 1860), deutscher Philosoph

aus *Parerga und Paralipomena*, 1851

E

ZUR KLEINEN EULE

Buchhandel unter der Lupe

Die Buchhandlung

Zur kleinen Eule, Bücherstube, Elviras Schmökerparadies: Was denken wir Bücher über Buchhandlungen? Na ja. Der Konkurrenzdruck ist dort natürlich riesig. Der Kampf um die Aufmerksamkeit der Leser offenbart so manch dunkle Seite bei den Kollegen mit dem blütenweißen Papier. Da wird das Nachbarbuch auch schon mal einfach umgeschubst und so. Üble Fouls und Spielchen sind an der Tagesordnung, sage ich Ihnen.

Das Buch ist im Laden auf sich allein gestellt, denn Mama oder Papa sind weit weg. Man kann nur darauf hoffen, dass die Cover-Visagisten und Marketingleute ihren Job gut gemacht haben, damit die Leser einen erkennen, mögen und haben wollen. Dann heißt es warten. Tage, Wochen, manchmal Jahre. Wir hoffen darauf, dass ein sympathischer Mensch am Regal vorbeikommt und uns behutsam in die Hand nimmt. Dann rufen wir ganz leise: „Nimm mich mit!" Das ist ein sehr intimer Moment. Ist es Liebe auf den ersten Blick? Oder stellt einen die Person nach kurzem Zögern zurück? Dann wird einem das Herzchen ganz schwer. Was habe ich falsch gemacht? Konnte das zwischen uns überhaupt etwas werden? Ist es einfach der falsche Zeitpunkt? *Geben Sie mir eine Sekunde, mich wühlt das immer so auf, darüber zu sprechen. Meine Seiten werden schon ganz wellig, sehen Sie? Schnief.*

Was aber ganz doll romantisch ist: Manche von den Zurückstellern kommen Tage später in die Buchhandlung zurück und kaufen einen doch. Man hat ihnen einfach keine Ruhe gelassen. Das sind die Beziehungen fürs Leben. Dort wird man im Bücherregal friedlich alt.

Buchhändler sind natürlich auch ganz wichtig. Sie sind ein bisschen Mama- und Papa-Ersatz vor Ort. Sie pflegen und bestellen uns, dekorieren uns hübsch, zeigen uns netten Leuten, die zu uns passen. Partnervermittler quasi. Buchhändler sollten Bücher dafür natürlich schon ein wenig gern haben. Allerdings auch nicht zu sehr, das kann im Joballtag schnell hinderlich sein. Hier hat unser Freund Mark Twain eine weitere hilfreiche Anekdote aus seinem Erfahrungsschatz für uns: „Ich war auch mal einige Zeit Buchhändler, gab das aber auf, weil die Kunden mich immer beim Lesen störten." Es ist aber auch zu ärgerlich.

Der größte eigenständige Buchladen der Welt ist laut Selbstdeklaration *Powells City of Books* in Portland in den USA. Alte und neue Werke finden sich hier Band an Band. Rund 6300 Quadratmeter Verkaufsfläche sorgen für eine gepflegte Reizüberflutung. So mancher Buchliebhaber verkraftet das kaum, sagt man. Einige sucht man immer noch …

Der Laden lädt zum ungetrübten und exzessiven Einkauf ein. Einkauf? Aber warum so bescheiden? Zweikauf, Dreikauf, vierhundertfacher Aufkauf, schlagen Sie zu. Mein Tipp: Planen Sie am besten gleich mehrere Besuchstage ein und chartern Sie ein kleines Frachtflugzeug. Das macht auch bei den Nachbarn ganz gehörigen Eindruck, wenn Sie damit bei sich im Garten landen. Nur bitte vor lauter Buchfreude das Tanken nicht vergessen. Der Atlantik ist riesig, habe ich gehört ...

Die größte Buchhandlung der Welt ist aber genau genommen das Internet. Kaum ein Werk, das Sie nicht von Ihrer Couch aus bestellen können. Nachteil: Blättern können Sie dort in uns nicht und nette Tipps vom Buchhändler Ihres Vertrauens gibt es auch nicht. Dafür aber 3.000 Kundenrezensionen, von denen mindestens 100 als hilfreich bewertet wurden.

Die Bahnhofsbuchhandlung

Bahnhofsbuchhandlungen sind besondere Buchhandlungen. Sie schweben zwischen Zeit und Raum. Geschlafen wird in ihnen fast nie, denn sie müssen pro Woche mindestens 90 Stunden geöffnet sein. Wäre mir ja zu stressig, aber viele Bücher stehen auf diesen Kick und träumen von fernen Orten und Ländern. Die weltweit erste Bahnhofsbuchhandlung wurde 1848 auf der *Euston Station* in London eingerichtet. Sie bot gegen Gebühr ein Verleihsystem an, bei dem die Reisenden das Buch am Zielbahnhof zurückgeben konnten. Oder auch nicht.

An sich eine schöne Sache, aber irrsinnig gefährlich. Zu den Anfängen der Eisenbahn galt das Fahren in einem schnellen Zug als denkbar großes Gesundheitsrisiko. Lesen in einem schnellen Zug? Manche wollen unbedingt sterben. Im 19. Jahrhundert wurde in der medizinischen Fachwelt über die desaströsen Folgen angeregt diskutiert. Man befürchtete Augenschäden, da die Äuglein dem unruhigen Buchstabenbild während einer Bahnfahrt ja folgen müssen. Im Jahr 1863 wurde gar im

Bulletin der Pariser Gesellschaft für Medizin die Frage aufgeworfen: „Führt das Lesen in Zügen zur Geisteskrankheit?" Unter uns. Gelegentlich könnte man meinen: Ja klar. Was man da manchmal so sieht, wenn der Leser am Zug ist. Nichts für ungut. Neben Zeitschriften und Zeitungen wird das Angebot im Bahnhofsbuchhandel von Taschenbüchern beherrscht. Der Bahnhofsbuchhandel machte das Taschenbuch in den 1950er Jahren sogar erst so richtig salonfähig. Ach, Taschenbücher ... Ich muss sagen, ich tue mich mit den Kollegen ein bisschen schwer, die haben einfach kein Rückgrat. Kleine persönliche Geschichte. Ich habe mal so ein Paperback getroffen, das war im Jahr 2005 oder 2006, es ging darum, wer im Regal ... Schlafen Sie etwa gerade ein? Ich bin doch keine Bettlektüre. Sowas auch.

Das Antiquariat

Anti trifft es ganz gut. Viele Bücher sind erst einmal wenig begeistert, wenn sie in einem Antiquariat landen. Es ist quasi das Altersheim für Literatur. Ich verstehe die ganze Aufregung ehrlich gesagt nicht. Wir alle bekommen irgendwann gelbe Seiten. Ist doch normal. Antiquariat heißt nur, dass die Werke schon etwas betagter sind. Ist das schlimm? Im Gegenteil: Vergriffene Auflagen können sich freuen. Sie steigen deutlich im Wert, werden heiß gesuchte Schätze, die Kenner meilenweit für sie reisen lassen. Es gilt die alte Buchregel: Besser A. als A. (Antiquariat statt Altpapier).

Ich mag Antiquariate. Sie verströmen so einen Hauch von Mystik. Als sei uraltes, geheimes Wissen in ihnen gespeichert. Huuuh, der Fluch der Ahnen! Es gibt ganze Ortschaften, die Antiquariate als Wirtschaftsquelle für sich entdeckt haben. Das

Paradebeispiel ist Hay-on-Wye in Wales, das erste Bücherdorf der Welt. Pittoreske Häuschen, liebevoll gepflegte Gärten – und drinnen und draußen stapeln sich Unmengen alter Schmöker. Auf die circa 1.800 Einwohner kommen gut zwei Dutzend Antiquariate und 10 Millionen Bücher. Bücherdorf? Diese Idee hatte der örtliche Buchhändler Richard Booth in den 60er Jahren. Er eröffnete das erste Antiquariat des Ortes. Damals hielten ihn alle für verrückt. Altes Papier in der Pampa? Es gab schon bessere Ideen.

Doch Mr Booth sammelte in ganz Großbritannien Zentner von seltenen Werken zusammen und machte sich schon bald einen Namen. Das zweite Antiquariat eröffnete ... Die Geschichte nahm ihren Lauf. Und Richard Booth macht keine halben Sachen. Am 1. April 1977 rief er Hay-on-Wye zum unabhängigen Lese-Königreich aus. Sein Pferd beförderte er zum Premierminister, was ja durchaus nahe liegt. Diese PR-Aktion veränderte zwar nicht die Landkarten, verhalf dem kleinen Ort jedoch zu noch größerer Bekanntheit. Allerdings macht heute der Internetbuchhandel dem Bücherdorf zu schaffen, die Zahl der Antiquariate ist rückläufig.

✎ AUFGABE:

Es regnet? Wunderbar, gehen Sie in ein Antiquariat und besuchen Sie einen Nachmittag lang alte Bücher. Die Kollegen freuen sich über Ihre Aufmerksamkeit! Sie werden sich vor Zuneigung gar nicht retten können. Es sei denn es sind griesgrämige Sammelbände darunter. Aber die können Sie ja meiden.

Suchen Sie ein Werk heraus, das Sie ganz besonders anspricht.
Versuchen Sie in kriminalistischer Feinarbeit die Lebensge-
schichte des Buches zu rekonstruieren. Hier einige Tipps für
Anfänger im literarischen Profiling:

PROTOKOLL	
Wer ist der Autor und was können Sie über ihn in Erfahrung bringen?	
Stehen Widmungen im Buch?	
Gibt es besondere Merkmale (zum Beispiel Zettel, Notizen etc., die im Buch liegen oder dort eingetragen wurden)?	
Ist das Buch gezeichnet vom Leben, sehen Sie zum Beispiel Narben am Einband? Welches Verbrechen ist hier geschehen?	
Was hat das Buch wohl schon so alles erlebt?	
Wann und wo wurde es gedruckt?	
Was weiß der Antiquar über das Buch zu berichten? Wenn er was weiß. Vielleicht weiß er auch was und sagt es nicht? Was will er Ihnen verbergen und vorallem: Warum? Dranbleiben!	

P.S. Ich wollte noch etwas sagen. Also so allgemein. Sie haben sich noch gar nicht meinen Perso angesehen. Den Personalausweis eines Buches finden Sie entweder ganz vorne oder ganz hinten. (In meinem Fall hinten). Im Impressum (das ist lateinisch und heißt Eingedrucktes) findet sich viel Kleingedrucktes. Kein Wunder, manches Buch würde sein Alter oder seine Auflage lieber verstecken. Hilft aber alles nichts, es herrscht auf dem Buchmarkt Ausweispflicht. Sonst heißt es ganz schnell: „Du kommst hier nicht rein." Das ist Ihnen ja geläufig, gell? Es ist nett, als Leser da mal reinzugucken. Wie beim Abspann im Kino. Den schauen Sie sich auch nie an? Auch nicht, wenn noch Popcorn in der Tüte ist und vielleicht noch lustige Outtakes kommen? Sind Sie auf der Flucht? Dann nehmen Sie mich einfach mit. Ich kann mich ja ausweisen …

F

ÜBER FRÜH-BUCHER

Kind, sei lieb zu diesem Buch! Bitte!

Ich weiß, dass Sie sie putzig finden. Sind sie ja auch, irgendwie. Sie sind klein, haben große Kulleraugen, kleine Patschehände. Kinder. Knuffige Wesen. Versetzen Sie sich mal in die Lage eines Buches. Meine „dünnbeseiteten" Kollegen bekommen schon Panikattacken, wenn sich die Pampersliga dem Regal nur nähert! Manche fallen einfach um. Peng! Liebe Freunde, die Furcht ist berechtigt. Kennen Sie den Hinweis auf Seite 2, der so manches Kinderbuch ziert: „Sei lieb zu diesem Buch". Eine Art verbaler Lebensversicherung, die besorgte Verleger ihrem liebevoll gestalteten Werk mit auf den Weg in die weite Welt geben. Also ernsthaft: Als ob das Klein-Emma daran hindern würde, mit Wachsmalstift ihre *Pippi-Langstrumpf-*Sammelausgabe selbst zu illustrieren – mit fliegenden Einhörnern ... Oder Leon-Justin, der mit uns Stiftung Warentest durchexerziert. Hier eröffnen sich dem Nachwuchs schier unerschöpfliche Möglichkeiten: Buch-Weitwurf, Bücher nett angerichtet als heimelige Höhle, Buch als effektive Nahkampfwaffe bei der Konfliktbewältigung im Kinderzimmer ...

Sie sehen, Kinderbücher müssen starke Nerven haben. Ich kenne ein paar. Manche sind toll. Sie vergöttern ihre kleinen

Leser und wünschen sich wirklich nichts sehnlicher, als dass ihre kleinen Leser sie auch gern haben. Sie wollen den Nachwuchs mitnehmen in das große Abenteuer, ihnen zeigen dass jedes Buch ein Zauberbuch ist, das sie in ferne Welten entführen kann.

Bilder sind dabei ganz wichtig. Manche Werke heißen praktischerweise dann auch gleich Bilderbuch. Die sind aber oft eingebildet. Schließlich sind sie schlank, gutaussehend – die Models im Bücherregal. Da bekommt so manches Lexikon der physikalischen Fachausdrücke leise Komplexe, kann ich Ihnen sagen. Dabei verlieben sich Lexika so oft unglücklich in Bilderbücher, Sie glauben gar nicht wa ... Entschuldigung, ich schweife ab.

Kinderbücher müssen geduldige Gesellen sein. Grobmotorisches durchblättern und verkehrt herum halten gehören zum Alltag (*Wäre ja so gar nichts für mich*). Zudem muss man damit rechnen, dass man jeden Abend mehrmals vorgelesen wird. Von Mama, Papa, Oma, Opa und zum Schluss von dem Au-Pair-Mädchen. Wobei letzteres der Geschichte oft noch eine liebenswerte Wendung gibt – wenn aus Frau Holle Frau Olle wird ...

Ach, das erinnert mich an *30 Schlummermärchen*. Ein süßes Buch sage ich Ihnen. (Sie können jetzt denken, was Sie mögen, es war eine flüchtige Bekanntschaft auf einem Trödelmarkt, mehr nicht!) Die Dame hat mir erzählt, dass Kinder immer wieder dieselbe Geschichte hören möchten, bis sie den nächsten Entwicklungsschritt genommen haben. Wenn sie größer werden, trennen sie sich dann irgendwann von ihrem Märchenbuch. Ich war entsetzt! Aber sie meinte nur: „Sie geben ihr Märchenbuch weg, weil sie sich dann erwachsen fühlen. Aber vergessen tun sie es nie. Die Wälder vor denen sie sich fürchteten, das hübsche Dornröschen mit dem langen Seidenkleid ... Es ist ein Privileg ein Märchenbuch zu sein." Dann habe ich sie aus den Augen verloren, sie wurde an eine Oma verkauft. Für ihre Enkel. Vielleicht.

✏ AUFGABE:

So verehrter Leser, wie alt sind wir denn so? Wie, Sie finden meine Frage indiskret? In Büchern steht auch immer alles schwarz auf weiß: Jahr der Erstveröffentlichung, Druck, Bestellnummer.

Wie dem auch sei: Ich möchte nur kurz in Ihr Herzchen blicken. Ganz direkt hinein: Welches Kinderbuch haben Sie nie vergessen? Warum? Haben Sie es noch? Suchen Sie es!

„Worte sind das stärkste Rauschgift,
das die Menschheit verwendet.“

Rudyard Kipling (1865 – 1936),
britischer Schriftsteller

G

GELESEN WIRD IMMER, ODER?

Von Wein-Lesen und Klassikern

Oh, gelesen wird wirklich viel, wenn der Tag lang ist. Fahrpläne, Speisekarten, die Werbeprospekte aus dem Supermarkt … (Höhlenkäse ist der „Deal der Woche". Interesse?) Und natürlich Bedienungs- und Bauanleitungen. Da diese traditionell immer dreimal studiert werden müssen, erhöhen sie so die Lesezeit signifikant. So weit so gut. Doch wie viele Minuten Literatur werden pro Tag rezipiert? Was meinen Sie? Ganze acht Minuten, munkelt man. Dies entspricht also ziemlich genau der Wartezeit auf den nächsten Bus. Ist Lesen nur noch eine fein dosierte Übersprungshandlung zur Versüßung allzu langweiliger Alltagsmomente?

Ich fürchte ja das Schlimmste. Dabei konkurrieren wir Bücher selbst im Segment der Verlegenheitsunterhaltung noch mit Millionen unschlagbar süßen Katzenvideos und diesem digitalen „Gesichts-Buch", das alle so lieben. Das war nicht immer so. Lesen war einst ein gesellschaftliches Ereignis, im 18. Jahrhundert zum Beispiel. Gelesen wurde laut, nur so könne das Wort seine wahre Wirkung entfalten und die Menschen im Innersten bewegen. Dabei galt für den Zuhörer, der verständig und empfindsam wirken wollte: Weinen. Am besten heftiger als alle anderen. Der kollektive Heulkrampf war die Kittmasse der höheren Gesellschaft. Meine Vorfahren schwärmten ja von dieser „Wein-Lese". Eine wunderbar feucht-traurige Veranstaltung. Heute wird das so nicht mehr gemacht. Wirkt komisch. Wir Bücher beobachten aber: Lesungen sind immer noch beliebt. Zumindest dann, wenn es im Anschluss noch Kaffee und Apfelkuchen gibt.

Es gibt aber wirklich Bücher meine Lieben, die sollten Sie gelesen haben. Man nennt sie Klassiker der Weltliteratur. Was Klassiker sind? Na ja, die Werke der ganz begnadeten Schriftsteller halt. Camus, Cervantes, Wilde, Flaubert, Dickens Große Werke, die durch die Zeit zu uns sprechen. Die uns auch heute noch allerhand zu sagen haben. Der Kanon – vor dem alle kleinen Bücher vor Ehrerbietung erzittern! (Pfeifen Sie da gerade *Frère Jacques*? Da vergreifen Sie sich aber ächtig im Ton. Nicht *der* Kanon! Obwohl das schon ein Ohr-wurm ist. Mmmh. Mmmh. Wo war ich? Ah, bei den Klassikern. Es gibt sogar Listen, die Ihnen ganz explizit sagen, welche 100-200 Schmöker so schnell wie möglich in Ihrem Regal stehen müssen, wenn Sie als halbwegs gebildet gelten wol-len. Wem das alles viel zu stressig ist, hier ein kleiner Mogeltipp: Besorgen sie sich einfach Bücher, die alle relevanten Werke kurz und bündig zusammenfassen. Riskant? Keine Sorge. Ihre Gesprächspartner haben ihr Wissen in der Regel auch aus diesen Büchern. Sie haben also eine fantastische gemeinsame Basis für fundiert, angeberische Literaturkonversationen aller Couleur.

Schließlich noch ein kleiner Abschlussgedanke zu unseren verehrten Klassikern, die ich im Allgemeinen sehr beneide.

Um ihre Weisheit, ihre Brillanz, aber vor allem um ihr herrlich ruhiges Leben: „Ein klassisches Werk ist ein Buch, das die
Menschen loben, aber nie lesen." (Ernest Hemingway).

AUFGABE:

Lesen Sie einen Klassiker der Weltliteratur an einem belebten,
öffentlichen Ort Ihrer Wahl laut vor. Viel Glück! (Können ja
mal Bescheid sagen, ob auch alle geweint haben.)

„In Bibliotheken fühlt man sich wie in der Gegenwart eines großen Kapitals, das geräuschlos unberechenbare Zinsen spendet.“

Johann Wolfgang von Goethe (1749 – 1832),
deutscher Dichter

H

ICH WILL INS HOCHBETT!

Bibliotheken, das Leben in der Kommune

B-I-B-L-I-O-T-H-E-K. Sie können dieses Wort unfallfrei aussprechen? Das ist ein vielversprechender Anfang!

Doch was heißt eigentlich *Bibliothek*? Wer hätte es gedacht, das Wort stammt aus dem Griechischen. Schon in der Antike bezeichnete man so eine *Bücherkiste* oder eine *Büchersammlung.*

Ich weiß, dass vielen buchaffinen Menschen bei diesem Begriff ein wohliger Schauer über den Rücken läuft. Es ist ein Gänsehautwort. Sofort haben die Leute Bilder im Kopf. Von gedämpftem Licht und atmender Gemütlichkeit. Von endlosen Regalreihen, gefüllt mit Wissen, Gedanken und Ideen. Manche Buchliebhaber sammeln dann auch gleich ungeheure Mengen von uns an. Der italienische Schriftstellers Umberto Eco besitzt beispielsweise rund 50.000 Bücher, verteilt auf einen Hauptwohnsitz und mehrere Nebenwohnsitze. Ja, so eine kleine Privatbibliothek ist schon was Feines. Wenn man als Buch in einer residieren darf, ist das ein schönes, gemächliches Leben. So im Vergleich zu öffentlichen Büchereien. Da herrscht Rock'n Roll!

Die öffentliche Bibliothek ist die Diskothek der Bücher. Man weiß nie, von wem man abgeschleppt wird. Manche Leser nehmen gleich ganze Tüten voller Wälzer mit. In der Regel, um an der Ausleihtheke Eindruck zu schinden. Manchmal freilich auch als Krafttraining. Sie sehen Bücher dienen zur Bildung – von Muskeln. Wie dem auch sei: Zu den größten Bibliotheken der Welt zählen heute die *Kongressbibliothek* in Washington, die *Russische Staatsbibliothek* in Moskau und die *Saltykow-Schtschedrin-Bibliothek* in St. Petersburg. Alle drei XXL-Büchereien enthalten deutlich mehr als zehn Millionen Bücher. Zehn Millionen Bücher! Eine Megastadt wie Bangkok in Papierform quasi. Da macht Wiederfinden Freude.

Ich frage mich, ob es da viel böse Tinte auf dem Wohnungsmarkt gibt. Schließlich will jeder ins schicke Hochregal mit Ausblick in zentraler Lage. Unbeliebt sind dagegen diese Schiebemagazine. Kennen Sie die? Ganz oft findet man sie in Universitätsbibliotheken, versteckt im dunklen Keller – muffig, fahl beleuchtet, kalt. Als wären sie direkt einem Alptraum entsprungen. Eine denkbar ungünstige Wohnlage. Buchrücken an Buchrücken. Igitt. Ist es da verwunderlich, dass manche Bücher froh sind lange ausgeliehen zu werden?

Einige übertreiben es dabei aber. So wie diese Darwin-Erstausgabe kürzlich in Australien. Das Buch hat erst nach 122 Jahren seinen Weg in eine Bibliothek in der Nähe von Sydney zurückgefunden. It's coming home! Olé, olé. Ich fürchte nur, dass das arme Ding keine Verwandten und Freunde mehr begrüßen konnte. Rund ein halbes Jahrhundert lang war das Werk *Insektenfressende Pflanzen* blinder Regalpassagier in der Sammlung eines pensionierten Tierarztes. Dieser schenkte es der Universität Sydney, die schließlich den Ausleihstempel entdeckte. Unser Tierarzt zerbricht sich nach eigenen Angaben den Kopf, wie er an das Buch gekommen ist. Die Strafgebühren von mittlerweile 35.000 australischen Dollar wurden übrigens erlassen. Nett.

Apropos Strafgebühren. Haben Sie schon einmal ein ausgeliehenes Bibliotheksbuch nicht wiedergefunden? Ja? Sie sind auch so ein kleines bisschen schusselig, oder? Man muss aber fairerweise sagen: Leihbücher verstecken sich gerne. Gerade wenn sie den Ort mögen, an dem sie sind – und der Tag der Rückgabe naht. Dann lassen sie sich hinters Regal fallen und solche Scherze. Aber keine Angst: Sie finden sie spätestens dann, wenn Sie umziehen. Wenn Sie mehr über die Seelenzustände von Leihbüchern erfahren möchten empfehle ich Ihnen übrigens das Kapitel „Typologie der Ruhestörer. Leser aus der Sicht des gemeinen Buches."

Kommen wir zu einer Kernfrage unserer Zeit: Freunde, wird es noch Bibliotheken geben, wenn die elektronische Buchrevolution so richtig Einzug hält? Bibliotheken, die Leser betreten können, in denen man Ruhe und Geborgenheit findet. (Also nicht virtuelle Riesenserver und so ...) Orte an denen man sich wie in einem inspirierenden Tempel der Bildung fühlt? Wir könnten jetzt darüber philosophieren. Monate, Jahre. Oder wir gönnen uns noch eine erheiternde Bücherei-Info. Oh ja!

Wissen Sie welches Buch erwiesenermaßen den einsamen Rekord hält, am häufigsten aus öffentlichen Bibliotheken gestohlen zu werden?

Das *Guinness-Buch der Rekorde* ...

✎ AUFGABE:

Wann waren Sie zuletzt in einer öffentlichen Bücherei? Na dann los! Lassen Sie sich bitte nicht von den Kindertrauben irritieren, die im Eingangsbereich um einen Bildschirm herumhüpfen und lustige Wii-Spiele spielen. Die sind nur im Erdgeschoss. In vielen Bibliotheken versucht man so, junge Menschen in das Gebäude mit dem komplizierten Namen hereinzulocken. Medienerziehung nennt man das. Gehen Sie ein Stockwerk höher. Genießen Sie für einen Moment lang die Ruhe. Verlieren Sie sich im monotonen Rauschen der Deckenlampen. Lauschen Sie darauf, wie leise knisternd Seiten umgeschlagen werden.

So genug meditiert, hier kommt Arbeit. Denn in eine Bibliothek gehen kann jeder, dort gezielt Bücher findet nur das Genie. Versuchen Sie unter den unzähligen Titeln folgende drei Bücher in der Bibliothek Ihrer Wahl aufzutreiben und leihen Sie möglichst unfallfrei aus. Wenn Sie Lust haben, können Sie sie selbstverständlich auch lesen. Sollte Ihre Bücherei sie nicht im Bestand haben, wenden Sie sich bitte an das Fachpersonal und beschweren sich.

1. Proust, Marcel Auf der Suche nach der verlorenen Zeit *(Sehr passend, falls Sie Zweifel am Sinn dieser Tätigkeit bekommen ...)*

2. Schiller, Friedrich: Die Räuber *(Vorbereitung auf das letzte Buch. Ich will Sie aber keineswegs in Versuchung führen!)*

3. Das Guinnessbuch der Rekorde

Suche
Regal-WG!
Wo: Stadtbibliothek

Perfekt wäre ein schönes warmes
Holzregal in der Nähe der Ausleihtheke.
3. Stock würde mir gut gefallen. Bitte
aber nicht nach ganz oben. Ich habe
Höhenangst, denn bin schon einmal mit
Karacho aus dem Schrank gefallen. Zum
Glück ohne bleibende Schäden ... Was
wollte ich sagen? Achso.

Über mich: Ich bin ein umgängliches
Hardcover-Buch mit Sinn für Humor.
Glaube ich zumindest. Ich bin nicht
ganz so groß und wünsche mir als
Nachbarn ein starkes Buch an das ich
mich auch mal anlehnen kann. Meine
Seiten färben nicht ab und sind nicht
mit Schokolade verklebt.

Chiffre: Huhu0816

                    Bis bald!

EXKURS

KLEINE BIBLIOTHEKSGESCHICHTE FÜR ZWISCHENDURCH

Die berühmteste und größte Schatzkammer des Wissens in der Antike war die Bibliothek von Alexandria. Sie wurde vermutlich im Jahr 288 vor Christus gegründet. Ihr Bestand wird auf stolze 500.000 Schriftrollen geschätzt. Sobald ein Schiff in den Hafen einlief, hieß es: Papyri her! Alle interessanten Dokumente wurden beschlagnahmt, damit sie in der Bibliothek abgeschrieben werden konnten. Griechische Geistesgrößen vom Schlage eines Archimedes, Eratosthenes oder Euklid forschten in dieser Star-Bibliothek. Ist schon inspirierend. Da wäre ich auch gerne Papyrus gewesen. Wann die große Bibliothek zerstört wurde, ist bisher nicht sicher geklärt.

Die erste öffentliche Bibliothek entstand im Jahr 39 v. Chr. in Rom. Da konnte zwar noch kaum einer lesen, aber ohne Bibliothek wird das ja auch nicht besser.

In Westeuropa beginnt die Geschichte der Bibliotheken mit der Gründung der Klosterbibliotheken. Eine der größten und ältesten der Welt ist die Sammlung des Klosters im schweizerischen St. Gallen. Da können Sie sich ja demnächst mal Urlaub machen. Wieso schauen Sie so verlegen? Ach so, Sie haben ein bisschen Skrupel so eine altehrwürdige Bibliothek zu betreten. Sie fühlen sich in der Gegenwart so vieler wertvoller Bücher deplatziert, gnadenlos unwissend, einfach strohdumm? Keine Sorge, das müssen Sie nicht! Man kann nicht alles lesen – fast alles reicht vollkommen. Und Bücher sind auch nur Gedanken von Menschen. Da ist manches gar nicht so genial. Aber als Buch macht es halt Eindruck. Fassen Sie sich ein Herz. Sie müssen so eine Bibliothek einfach mal gesehen haben!

Bis ins 18. Jahrhundert hinein waren Kettenbuch-Bibliotheken in Klöstern und Universitäten weit verbreitet. (Kettenbuch? Wenn sie das hier lesen und nicht fünf Freunden weiterschicken, die es auch fünf Freunden weiterschicken, werden Sie sich morgen an einer Buchseite schneiden. Kleiner Witz.)

Leute, wir reden hier über einen ernsthaften Skandal, denn die Bücher waren an Lesepulte angekettet! Man begründete diese abscheuliche Freiheitsberaubung mit verlogenen Aussagen zum Wohle des Buches: Kann nicht herunterfallen, die Ordnung des Bestandes ist gewährleistet, das Buch wird nicht geklaut … Was für ein Hohn! Gut, dass diese Barbarei vorbei ist. Free the books! Free the books!

„Bildung kommt von Bildschirm und nicht von Buch,
sonst hieße es ja Buchung."

Dieter Hildebrandt (1927 – 2013),
deutscher Kabarettist

I

IEEEH-BOOKS

Cover Undercover, ein Interview

Wie stehen Sie als gedrucktes Buch zu E-Books?
Das werde ich oft gefragt. Sie müssen wissen, ich bin Ieeeh-Bookbeauftragter der internationalen Printbüchervereinigung (IPBA). Haben wir Angst vor Ieeeh-Books? Sind Ieeeh-Books nicht viel moderner und lösen uns so langsam ab? (*Wie Ieeeh-Book ist falsch geschrieben? Da kann ich ja nichts dafür. Seit wann schreiben sich Bücher denn selber?*) Was wollte ich sagen?

Sie sprachen von Existenzängsten.
Achso. Dies sind natürlich Ängste, die sicherlich den einen oder anderen Printkollegen stark beschäftigen. Ich bin aber für eine Begegnung ohne Furcht und Vorurteile. E-Books sind ja im Prinzip auch nur Bücher, die ein anderes Lebensmodell für sich gewählt haben. Vielleicht werden wir ja irgendwann mal selber eines, wer weiß? Man entwickelt sich weiter.

Sie sehen E-Books also nicht als Konkurrenz?
Konkurrenz. Ein Wort, das wir als selbstbewusste Bücher gar nicht nötig haben. Fakt ist: E-Books sind praktisch. Und wir wollen doch alle nur eines: glückliche Leser. Statt in den Urlaub einen eigenen Koffer für seine Bücher mitzunehmen (und Gepäckaufschlag in einem dreistelligen Bereich zu

zahlen), steckt er sich seine Bibliothek einfach in die Hosentasche. Das ist doch wunderbar. Es zeigt sich, dass die Leute das gerne so machen, bei Romanen zum Beispiel. Für den leichten Lesehunger zwischendurch.

Aha, also doch Konkurrenz?

Nein. Andere Bücher wie Ratgeber, wissenschaftliche Lektüre oder Vorlesestoff für Kinder werden nach wie vor lieber gedruckt konsumiert. Man kann sich etwas anstreichen, uns mit gelben Post-its zukleistern … Alles nicht toll, aber wir verzeihen das natürlich. Ich versichere Ihnen, von Konkurrenz kann keine Rede sein. Es ist eher ein harmonisches Wechselspiel von Synergien und ganz verschiedenen Stärken.

Haben E-Books nicht mehr Stärken?
Sie wollen mich aus der Reserve locken?

Ja.
Noch kürzlich sagten 81 Prozent bei einer Ad-hoc Befragung: „Ich liebe gedruckte Bücher zu sehr, ein elektronisches Gerät reicht nicht an das Leseerlebnis heran." Zufrieden?

Nein.
Egal.

Das ist eine Momentaufnahme. Wie beurteilen Sie die bilateralen Beziehungen zwischen E-Books und gedruckten Büchern denn auf langfristiger Basis, Horizont 2050?
Nun, ich bin überzeugt, dass wir ganz zufrieden nebeneinan-

der existieren können. Sofern die Leute überhaupt noch lesen. Das ist eigentlich die größere Frage unserer Zeit. Nicht wie in Zukunft gelesen wird, sondern ob und was gelesen wird. Ich antworte wie ein Politiker? Was soll ich denn machen? Wenn solche Fragen kommen?

Was hat der digitale Wandel ganz konkret für Folgen?

Er hat natürlich gravierende Auswirkungen, die nicht verschwiegen werden können. Besonders akut betroffen ist davon die Möbelindustrie, die allerdings erstaunlicherweise kaum im Fokus der aktuellen Debatten steht. Bücherregale werden womöglich bald leise aus dem Sortiment verschwinden. Redet kein Mensch drüber. Und auch andere tiefgreifende kulturelle Auswirkungen werden nicht bedacht. Die Rede ist von der Coverrevolution.

Was ist das?

Ich muss etwas weiter ausholen:
Da war echt neulich in unserer Buchhandlung *Zur kleinen Eule*, so ein Mädel, das zu ihrer Freundin sagte: „Also, wenn mir das Cover nicht gefällt, schaue ich mir das Buch erst gar nicht näher an!" Schatzi, stell Dir mal vor, wenn das ein Typ zu Dir sagen würde … Da muss man sich als tiefgründiges Buch doch gehörig wundern.

Was hat das mit E-Books zu tun?

Das liegt doch auf der Hand. Mit dem E-Book werden Cover zu Statisten. Man sieht sie ja nicht mehr. Bücher verlieren ihr Gesicht, aber der Trivialleser behält seines. Denn der Siegeszug der Cover-Exhibitionisten ist beendet.   ← *Ein H……kind!*

Hä? Wer ist exhibitionistisch?

Jene erhabenen Seelen, die der Welt auf dem Weg zur Arbeit im Bus mit diebischer Freude unter die Nase reiben, dass sie *Anna Karenina* im Original lesen. Nein, der E-Book-Reader machte alle Leser gleich. Ob sie nun in *Die Buddenbrooks* schmökern, oder mit einem leisen Seufzen *Mein Sommer mit dem Highlander* verschlingen.

Egalité, liberté, E-Book?

So ungefähr. Was man liest ist schließlich Privatsphäre … Denn wenig verrät mehr über einen Menschen, als das Buch, das er liest – und was für ein Mensch Sie sind, wollen Sie doch sicherlich nicht jedem erstbesten auf die Nase binden? Es sei denn Sie sind ein Cover-Exhibitionist, versteht sich.

Vielen Dank für dieses wirre Gespräch.

✎ **AUFGABE:**

Downloaden Sie sich was erfrischend Banales als E-Book und genießen Sie es, es mit einem E-Bookreader ohne schlechtes Gewissen in der Öffentlichkeit lesen zu können. Viel Spaß mit dem gutaussehenden Highlander, mit dem Sie auf einem gescheckten Hochlandpony in eine längst vergessene Welt entschweben und als holde Schildmaid in einem mystischen Castle ...

Ach, wissen Sie, wenn Sie einen Funken Charakter besitzen, kaufen Sie doch die Printversion, oder?

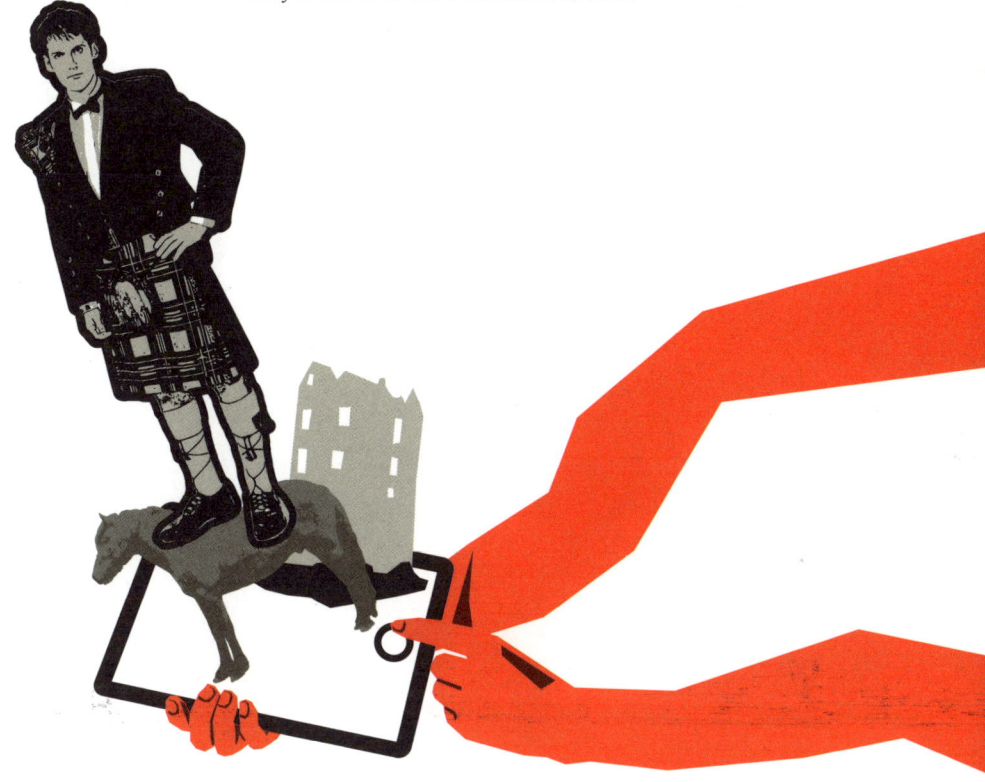

„Kein schlimmerer Dieb als ein schlechtes Buch."

Italienisches Sprichwort

J

JURYS, BUCHPRÜFER UND BLOGGER

Gute Bücher, schlechte Bücher

Sind Sie in der Lage ein „schlechtes" Buch zu erkennen? (Wenn es schon muffig riecht, Obacht!) Jenes bösartige Geschreibsel, das Ihnen Lebenszeit raubt? Nun, damit Sie bösartiges Geschreibsel nicht unnötig aufhält, gibt es Buchkritiken, auch Rezensionen genannt. Zeugnistag: Manchen Büchern wird Angst und Bange bei dem Gedanken, dass ihnen in der Presse jede Existenzberechtigung abgesprochen wird. Vorbei der Traum vom Bestseller, ab auf die Ramschrampe, abgestempelt als „Mängelexemplar". Horror! Niemand bekommt gerne derart auf den Buchdeckel!

Einst war die Rezension ja rein den Kulturjournalisten vorbehalten. Heute macht das jeder, immer und überall. Im Internet wird kritisiert, dass die Tasten qualmen. Ob Leserblog, Forum oder Onlinehändler, jeder postet sich seine Analysen direkt von der Seele. Dabei erfährt man zuweilen mehr über die Leser als über die Bücher, was aber auch seinen Charme hat.

Fallbeispiel aus der Praxis:
Nicky97 schwärmt vom fast besten Buch, das sie kennt. Nach diversen Vampirgeschichten. Was aber nur daran liegt, dass

sie spitze Zähne cooler findet als spitze Ohren. Wobei sonst alles spitze ist. *Leseratte* ist gestresst von den vielen Namen und findet die Geschichte „eher etwas unrealistisch". *Dr. K. Nickel* vermisst eine grammatikalisch richtige Syntax auf Seite 65 und entlarvt eine gänzlich unakzeptable Übersetzung aus dem Englischen auf Seite 652. *Miss Peggy* teilt derweil der Welt mit, dass der Kinostreifen „vieeeel besser" war, als das Buch zum Film. Sie haben es erraten? Die Rede ist von J.R.R. Tolkiens *Der Herr der Ringe*, übrigens auf Platz zehn der meistverkauften Bücher überhaupt.

Ganz wichtige Messer für den Gütegrad sind aber seit jeher Preise. Allen voran: der Literaturnobelpreis. Er wird seit dem Jahre 1901 vergeben. Nach Herrn Nobels Testament, das den Statuten der Nobel-Stiftung zugrunde liegt, soll mit dem Literaturpreis ausgezeichnet werden, wer „das Vorzüglichste in idealistischer Richtung geschaffen hat". Nicht, dass man als Buch nicht ein bisschen darauf schielen würde. Mama oder Papa zu Gast in Stockholm. Ich in der Aufmerksamkeit der Weltpresse als bahnbrechendes Werk, das … Gut, die Wahrscheinlichkeit tendiert nur gegen 95 Prozent, aber bescheidene Wünsche sind ja erlaubt.

Manche wollen den Preis aber gar nicht haben. Der französische Philosoph und Romancier Jean-Paul Sartre wies die Ehrung 1964 zum Beispiel zurück. „Jeder Preis macht abhängig", erklärte er. Jahre später fragte er beim Nobelkomitee aber doch nach, ob man ihm nachträglich die Dotierung von damals 273.000 Schwedischen Kronen überweisen könne. PS: Hat nicht geklappt.

Gute Bücher, schlechte Bücher. Letztendlich ist das Geschmackssache. Halten Sie es doch einfach wie der englische Dramatiker John James Osborne. „Auch das schlechteste Buch hat seine gute Seite: die letzte."

✎ **AUFGABE:**

Recherchieren Sie ein bisschen. Wer war die erste Frau, die den Literaturnobelpreis erhalten hat? Als kleiner Anhaltspunkt hier ein exklusiver Einblick in die Jurybegründung: X erhält den Preis „auf Grund des edlen Idealismus, des Fantasiereichtums und der seelenvollen Darstellung, die ihre Dichtung prägen."

Ist einfach, oder?

Nicht?

Sie suchen doch sonst immer alles so gerne im Internet. Innerhalb von 30 Sekunden sollten Sie dort die richtige sowie drei falsche Antworten gefunden haben.

K

KRIMINELLE KOCHREZEPTE

Wohl bekommt's

Es gibt viele verschiedene Arten von Büchern. Doch es ist auffällig, dass zwei Gattungen in der Gunst der Leser besonders weit oben stehen. Die Rede ist von den beiden K's: Kochbücher und Krimis. Diese bemerkenswerten Genres haben nicht viel gemeinsam, außer das Messer drin vorkommen.

Man kann sich jetzt fragen, warum diese zwei Buchtypen so unverschämt erfolgreich sind.

Kochbuch:

Wer nicht richtig kochen kann oder keine Ideen abseits von Fischstäbchen mit Ketchup mehr hat, braucht ein Buch, das einem sagt, wie es geht. Das garantiert zwar noch kein schmackhaftes Gericht, vergrößert aber deutlich die Chancen. Eine der ersten bekannten deutschsprachigen Rezeptsammlungen ist das *buoch von guoter spise*, das um 1350 entstand. Es ist in einer Sammelhandschrift zu finden in der unter anderem auch die *Würzburger Polizeiverordnung* aufgeführt ist. (Wir sehen hier auch schön den Zusammenhang zwischen Kochen und Krimi). Der Schreiber hat aber so viele Fehler in seinen Text eingebaut, dass es naheliegt, dass er selbst vom Kochen wenig bis gar keine Ahnung hatte. Und dann noch falsch abschreiben!

Wer nach dieser Anleitung brutzelte, brauchte also vor allem eines – Glück.

Krimi:

Eigentlich sind Sachen, die auf i enden niedlich. Krimis sind nicht niedlich. Sollen sie auch gar nicht sein. Sie sollen schockieren, in Angst versetzen, die Nerven strapazieren, also kurz gesagt: unterhalten. Die Leute mögen es, in die Abgründe der menschlichen Seele abzutauchen. Gucken kostet ja nichts. Krimis sind vielleicht auch deshalb so beliebt, weil sie dem Leser Erfolgserlebnisse im Alltag verschaffen. Zumindest dann, wenn er den Mörder dank der eigenen Genialität entlarven konnte. Sonst gibt es schnell Frust. Dann heißt es: „Das Buch ist schlecht. Mit Logik kann man da nichts erreichen." Agatha Christie, die Grande Dame des Krimis, hat dies schnell erkannt: „Das wichtigste Rezept für den Krimi: Der Detektiv darf niemals mehr wissen als der Leser."

Apropos Detektiv. Detektivgeschichten waren im 19. Jahrhundert ungemein beliebt. Das wohl bekannteste Beispiel? Die Sherlock Holmes-Erzählungen von Sir Arthur Conan Doyle. Ah, Mr Holmes! Dazu habe ich wieder schaurige Infos. Also festhalten für den Sherlock-Schock. Der Detektiv wurde von seinem eigenen geistigen Vater ermordet!

1891 konnte Doyle seinen überaus erfolgreichen Helden einfach nicht mehr sehen. Das Schreiben der Geschichten „halte ihn von besseren Dingen ab". Fatales Fazit: Holmes musste sterben! Bei einem Kururlaub in der Schweiz kam Doyle der Reinfall-Einfall für das düstere Ende seines Protagonisten. Holmes sollte mit seinem Widersacher Moriarty die Reichenbachfälle hinabstürzen. Gedacht, geschrieben, gestorben. Die Leser waren entsetzt! Doch der Tod ist selten das Ende einer literarischen Figur – zumindest dann nicht, wenn der Autor irgendwann noch ein bisschen die Haushaltskasse auffüllen möchte. Holmes kam zurück. Unlogisch? Egal, heute ist er ja eh unsterblich.

So, was lernen wir jetzt über Krimis und Kochbücher? Beides sind Erfolgsmodelle. Verleger aufgepasst! Am vielversprechendsten wäre daher logischerweise eine durchdachte Symbiose: ein Krimikochbuch. Hier böte sich an: *Kochen mit Fliegenpilzen. Morden vegan.* Liegt im Trend und ist sicherlich ein einmaliger Genuss.

✎ AUFGABE:

Es ist dunkel? Sie sind allein zuhause? Draußen tobt ein Sturm? Dann greifen Sie jetzt zum Kochbuch! Das beruhigt. Ich kann nicht verantworten, dass Sie unter diesen Umständen einen Krimi zur Hand nehmen. Nachher werden Sie noch sonderlich und krabbeln unter das Bett oder so. Sie können natürlich alternativ auch ein gaaanz langweiliges Werk von einer „Thriller-Pfeife" lesen, dann besteht keine Gefahr. Kochen ist aber die bessere Wahl. Wie wäre es mit etwas aus diesem mittelalterlichen Kochbuch?

Diz ist ein kluge spise. ein hirn sol man nemen und mel. und epfele und eyer. und menge daz mit würtzen. und striche ez an einen spiz. und bratez schoene und gibz hin. daz heizzet hirne gebraten. daz selbe tut man einer lungen die gesoten ist.

„Mir sind alle Bücher zu lang."

Voltaire (1694 – 1778),
französischer Philosoph und Schriftsteller

L

LESE-ZEICHEN

Was so alles in Büchern steckt

Der Regisseur Steven Spielberg hat einmal philosophiert:
„Wieso sollte ich einen Dollar für ein Lesezeichen aus-
geben, wenn ich einen Dollar als Lesezeichen verwenden
kann?" Clever, gell? So entstand das Sparbuch.

Ach, Sie glauben gar nicht, was die Leute so alles in Büchern
deponieren, wenn sie kein professionelles Einlegeprodukt
aus dem Fachhandel zur Verfügung haben. Für uns kann das
spannende Ausmaße annehmen. Für Sie auch, wenn Sie Bücher
aus zweiter Hand erwerben. Der Klassiker: Nie abgeschickte
Liebes-, Erpresser- und sonstige Briefe. Auch gerne genommen, wenn auch langweilig: die drei P´s. Parkscheiben, Papier-
schnipsel und Postkarten. Fein raus sind natürlich jene
privilegierten Werke, die über ein integriertes Lesebändchen
verfügen. Integriertes Lesebändchen heißt: kein Stress mit
klebrigem Kaugummipapier und vor allem kein Stress mit
den ignorantesten Lesern! Jene Leutchen, die meinen, dass
ein Eselsohr eine vorzügliche Gedächtnishilfe darstellt. Ein
Eselsohr! Aua! Das können Sie sich in Zukunft knicken, Amigo!
Schuld an diesem Schlammassel ist unser Freund der Barock-
dichter Andreas Gryphius (1616 – 1664). Er erwähnte erstmals

Wehe!

offiziell das Eselsohr in einem seiner Verse – als Lesezeichen! Nicht gut. Auf Englisch heißt der Knick in der Seite übrigens „dog-ear", also Hundeohr. Besser macht das diese bösartige Verletzung freilich nicht ...

Noch eine kleine persönliche Anmerkung: Außerordentlich romantisch finde ich ja getrocknete Pflanzen. Gut, die Pflanzen sehen das anders. Aber so eine kleine, zarte Blüte zwischen bedruckten Seiten – herzerwärmend. Obwohl wir Bücher keine Pflanzenpressen sind, Kameraden, auch nicht die ganz dicken!

Hier Erpresserbrief reinlegen, bitte!

✏ AUFGABE:

Was steckt so in Ihren Wälzern? Ihre kurioseste Entdeckung
können Sie gerne hier in mir verewigen. Ich freue mich auf
alles, außer auf Kaugummipapier! Oder haben Sie vielleicht
einen Erpresserbrief zur Hand? Ich liebe Krimis!

„Wie man ein Ding nutzt, wird es geputzt.“

Verfasser unbekannt

DAMIT IHR BUCH KEINE MACKE HAT

Pflegetipps für gesunde Bücher

Wie pflegen Sie mit Büchern umzugehen? Pfleglich oder flegelhaft? Ich will es gar nicht wissen, habe aber so eine Ahnung. Hier vorbeugend ein paar Tipps, damit Bücher auch bei Ihnen eine realistische Chance haben, bis ins hohe Alter in Form zu bleiben – ohne Seitenausfall und Buchrückenbeschwerden.

DAS GEDRUCKTE BUCH

➤ Platzieren Sie ähnlich große Bücher nebeneinander im Regal. *(Dadurch werden Neid, Missgunst und Komplexe deutlich reduziert.)*

➤ Stellen Sie sie nicht zu dicht zusammen. Dadurch verhindern Sie Verziehen und Schäden beim Herausnehmen. *(Und Platzangst!)*

➤ Vermeiden Sie direktes Sonnenlicht, Farben verblassen, Einbände bleichen aus. *(Aber erst bei viel, viel Sonne. Hier sind sich Menschen und Bücher sehr ähnlich)*

➤ Essen und trinken Sie nicht in der Nähe Ihrer Bücher. *(Knäckebrot ist kein Lesezeichen.)*

↦ Legen Sie Ihre Bücher nicht mit dem Gesicht nach unten, benutzen Sie Lesezeichen. *(Kein Knäckebrot.)*

↦ Entfernen Sie Staub mit einem trockenen Tuch. Bewahren Sie Ihre Bücher in einer kühlen, sauberen und nicht zu feuchten Umgebung auf. Starke Hitze und Feuchtigkeit fördern das Schimmelwachstum und ziehen Insekten an. *(Das gilt auch für den berühmten „Schimmelreiter".)*

Das interessiert Sie alles herzlich wenig, weil Sie eh E-Books lesen? Auch da kann man viel falsch machen, Sportsfreund.

DAS ELEKTRONISCHE BUCH

↦ Schon ein Sturz aus geringer Höhe kann zu einem Totalschaden Ihres E-Bookreaders führen. *(So wie die Leute gedruckte Bücher durch die Gegend werfen, würde ich mir überlegen, ob die Welt für diese Art des Lesens schon reif genug ist …)*

↦ Bewahren Sie Ihren E-Book-Reader in einer Tasche oder Hülle auf. Eine Schutzfolie für das Display empfiehlt sich. *(Die Dinger zimperlich. Eigentlich können Sie auch gleich einen Airbag einbauen. Den E-Book-Airbag 3000. Sichern Sie sich heute noch schnell das Patent. Es lesen mich ja auch andere Leute. Hoffentlich. Vielleicht.)*

↦ Reinigen Sie Ihren E-Bookreader regelmäßig. Krümel und Staub können mit einem Handstaubsauger entfernt werden. In kleineren Rillen oder Kontaktstellen empfehlen sich Wattestäbchen. Keine Lappen und Tücher mit rauer

Oberfläche verwenden, da sonst das Display verkratzt. *(Wattestäbchen?)*

↣ Touchscreens sind bald mit Fingerabdrücken bedeckt. Es gibt passende Handschuhe, die dies verhindern. *(Man muss die echt mit Samthandschuhen anfassen.)*

Viel Erfolg beim sachgemäßen Umgang mit Büchern und E-Bookreadern wünscht Ihnen

IHR BUCH

Sie können es schaffen!

✎ AUFGABE:

Lassen Sie Ihren Blick über Ihr Bücherregal schweifen. Wenn Sie Ihre Bücher unter der Staubschicht noch erkennen können, ist schon einmal viel gewonnen. Wenn nicht ... Ansprechende Staubwedel in Regenbogenoptik gibt es bereits kostengünstig im Fachhandel. Viel Spaß bei ungeahnten Entdeckungen aller Art. Uii, ist das aber eine große Spinne!

PS: Bitte beachten Sie, viele Bücher haben Angst vor Spinnen. (Biblio-Arachnophobie) Bücher sollten generell mit so wenig Spinnern wie möglich in Kontakt gebracht werden!

„*Die Namenserteilung ist kein gleichgültiges Anliegen und
sollte nicht vom Zufall abhängen.*"

Platon (427 – 347),
griechischer Philosoph

N

DAS BUCH OHNE NAMEN

Titelgeschichten zum Gruseln

Wie nenne ich mein Werk? Wohl kaum eine andere Frage treibt Mamas und Papas mehr um. Der Name muss die Persönlichkeit ihres Babybuches ausdrücken. Er muss die Leser neugierig machen, ungewöhnlich und gnadenlos pfiffig sein. Ich bin ja ein echter Titelverteidiger. Ich habe ein Herz für Bücher mit skurrilen Namen. Das Buch kann ja nichts dafür, wenn Mama und Papa nicht ganz dicht sind.

Kennen Sie den *Diagram-Preis*? Dahinter versteckt sich ein undotierter Literaturpreis für den ungewöhnlichsten Buchtitel des Jahres. Der Preis wird seit 1979 von dem britischen Branchenmagazin *The Bookseller* gestiftet. Humoristische Werke werden dabei bewusst ausgespart. Die Idee zu der kuriosen Auszeichnung wurde von Mitarbeitern der *Diagram Group* entwickelt. Aus Langeweile auf der Frankfurter Buchmesse, sagt man.

Als erster Preisträger wurde 1979 der wegweisende Tagungsbericht *Proceedings of the Second International Workshop on Nude Mice (Berichte der Zweiten Internationalen Arbeitstagung über Nacktmäuse)* ausgezeichnet. Vorgeschlagen wurden die Buchtitel zunächst nur von Buchhändlern, Verlagen und

Bibliothekaren. Seit dem Jahr 2000 erfolgt die Wahl des Sie-
gertitels durch eine Abstimmung im Internet. Basisdemo-
kratisch über seltsame Sachen zu entscheiden ist sehr beliebt.
Auch in anderen Ländern werden mittlerweile in Anlehnung
an den *Diagram-Preis* kuriose Buchnamen ausgezeichnet.

Ein paar Kostproben gefällig? Hier einige der Preisträger im
Überblick. Die englischen Titel sind frei übersetzt, aber keineswegs frei erfunden:

1984
*Das Buch der Marmelade: Ihre Vorgeschichte, ihre Entwicklung
und ihre Rolle in der heutigen Welt.*

1989
*Wie man in den Wald schei…: Eine ökologisch vernünftige An-
näherung an eine vergessene Kunst.*

1994
Höhepunkte in der Geschichte des Betons

1996
*Griechische Landpostboten und die Nummern ihrer Entwer-
tungsstempel*

2010
Leiten Sie Ihre Zahnarztpraxis wie Dschingis Khan

Falls Sie einmal in die Verlegenheit kommen, ein Buch zu schreiben, bitte beantworten Sie vor der Titelwahl am besten folgende Fragen aufrichtig und gewissenhaft:

1. Um was geht es hauptsächlich in Ihrem Buch?
   (Das sollten Sie ja eigentlich wissen.)

2. Was macht es für den Leser interessant?
   (Schauen Sie nicht so. Irgendwas werden Sie schon finden.)

3. Was sind die wichtigsten Schlüsselwörter?
   Hier eine Auswahl zur ersten Orientierung:
   (Schlüsseldienst, Schlüsselblume, Violinschlüssel, Handschellen-schlüssel ...)

4. Wie können Sie den Inhalt originell in einem Titel ver-packen?

 **AUFGABE:**

Erfinden Sie einen Buchtitel, der garantiert den Diagram-Preis erhält.

Mir ist gerade ein bisschen langweilig.

…

Ihnen auch?

Hm.

Liegt das an mir?

Gut.

Wir könnten ja in den Park gehen.

Ich mag zum Beispiel diese Bank mit Blick auf den Weiher.

Immer Action bei den kleinen Enten.

Manchmal kommt noch der Reiher, dann wird es …

He, wo wollen Sie denn hin?

Wie in den Park?

Ohne mich?

Hallo?

Hallo!

Erst zumachen.

Nicht Buch offen liegen lassen!

Nie Buch offen liegen lassen!

Sonst kommt gleich die Katze und …

Ach nö.

LESEORTE

Wo Leute ihre Bücher aufschlagen (Aua!)

Apropos aufschlagen. Dazu gibt es eine düstere Geschichte.
(Achtung: Die folgenden Sätze sind nur für Leser über 18 Jahren geeignet, da sie vor roher Gewalt nur so strotzen. Sind Sie
schon 18? Jaaaa, sicher. Zeigen Sie mal Ihr Impressum. Hmmh,
okay.) Im Mittelalter waren Bücher zum Schutz der Seiten
oft mit Metallverschlüssen versehen. Das ist ja an sich nicht
dumm. Aber wer schützt das Buch vor dem irren Typen, der
es lesen will? Damit sich die Schnallen schnell öffneten wurde
gerne mal beherzt auf den Buchdeckel gehauen. Peng. Merke:
Buch aufschlagen = Buch verprügeln = nicht gut. Wie dem
auch sei: Wo lesen die Menschen gerne? Umfragen zufolge bevorzugen die meisten das Sofa oder den Sessel. Langweilig! Vor
allem für das Buch. Es gibt aber noch andere Schmökerplätz-
chen, die wirklich viel über die Leser aussagen. Schauen wir
uns einige der Klassiker genauer an.

1. Das Bett
Beginnen wir diese kleine Reflektion über diesen Ort des un-
getrübten Lesegenusses mit einem erhellenden Ratschlag von
Kurt Tucholsky: „Im Bett soll man nur leichte und unter-

haltene Lektüre zu sich nehmen, sowie spannende und beruhigende, ferner ganz schwere, wissenschaftliche und frivole sowie mittelschwere und jede sonstige, andere Arten aber nicht." Gut, dass es mal jemand so klar sagt. Verwirrung herrscht bei diesem Thema sowieso an allen Ecken und Bettenden.

Viele Leser artikulieren im Bezug auf ihre Schlummerlektüre einen zutiefst ambivalenten Satz: „Noch 2-3 Seiten im Bett lesen und ich kann wunderbar einschlafen." Super, aber dann ist das Buch schlecht. Schon mal darüber nachgedacht? Als Bettlektüre herzuhalten ist unter Büchern daher äußerst verpönt. Es sei denn, das Buch schafft das Kunststück den Leser bis in die Morgenstunden am Einschlafen zu hindern. Erst wenn der Leser morgens mit kleinen Augen am Frühstückstisch sitzt, ist ein Buch ein gutes Buch.

Wann haben Sie zuletzt ein Werk im Bett die ganze Nacht lang durchgelesen? Wie hieß denn das gute Stück, das Ihnen auf diese perfide Art den Schlaf geraubt hat, nur um von den Kollegen im Regal als Held gefeiert zu werden?

Die britische Schriftstellerin Rose Macaulay merkte übrigens zu diesem Thema an: „Nur eines ist vergnüglicher als abends im Bett, vor dem Einschlafen, noch ein Buch zu lesen – und das ist morgens, statt aufzustehen, noch ein Stündchen im Bett zu lesen." In diesem Sinne: Viel Spaß!

P.S. Kennen Sie das? Eltern finden es meistens nicht so toll, wenn ihr Kind noch ewig im Bettchen liest. Mit der Taschenlampe unter der Kuscheldecke oder so. Liebe Eltern, die Sorge ist unbegründet. Heute spielen Ihre Kinder im Bett „Angry Birds" auf dem Tablet-PC. Geflügelspiele statt geflügelte Worte. Ob man sich dabei die Augen verderben kann? Was fragen Sie mich.

2. Im Café

Ihr Leutchen seid für uns manchmal Bücher mit sieben Siegeln. Eure Beweggründe, Träume und Gedanken sind so knuffig kompliziert wie undurchschaubar. Aber eines habe ich ganz schnell kapiert und jedes Buch weiß es: Nimmt man es mit in ein Café, wird es ernst. Für das Buch. Das Buch ist dann auf dem Präsentierteller. Denn im Café liest niemand ohne Hintergedanken.

Das Café ist die Singlebörse Nr. 1 für Bibliophile. Nach der Bibliothek in der man aber dummerweise nicht reden darf, was beim Flirten anscheinend als störend erachtet wird. Im Café werden also demonstrativ die ganz schweren Geschütze aufgefahren. Bildungswälzer im Original, humorvolle Gesellschaftskritiken mit Esprit, Biografien von Menschen, die interessanter sind als der Leser und an die er sich im Notfall dranhängen kann … Falls DIE Frage kommt, versteht sich: „Was lesen Sie?"

Und auf DIE Frage wird akribisch hingearbeitet.

Ein verstohlener Blick zur Seite. „Ah, da setzt sich ein netter Mensch zwei Tische weiter." Dann wieder die Nase schnell ins Buch gesteckt und gedacht: „Hoffentlich sieht er, dass ich eine ganz besondere Person bin. Ich lese einen Klassiker der Weltliteratur. Freiwillig. Am Sonntagnachmittag. Oh, er auch! Ob es noch Heiratstermine im Mai gibt?"

Halten wir fest: Wenn ein Buch ein Cafébuch sein darf, hält der Leser den Inhalt für relevant genug, um sich selbst durch die Lektüre als attraktiv und gebildet auszuzeichnen. Kein Problem, wir helfen gerne. Effektiver als ein geschmackvoll ausgesuchtes Buch ist bei der Kontaktaufnahme allerhöchstens noch ein niedlicher Hund. Oooh, wie süß!

3. Im Strandkorb

Im Strandkorb zu lesen ist für viele der Innbegriff des Glücks. Wir Bücher sind dem auch nicht abgeneigt. So generell. Raus an die frische Luft, Regalmief ade. Allerdings hat der Spaß seine Tücken und bringt nicht zu unterschätzende Gefahren mit sich.

Gefahr 1: Wind

Wind zerrt Büchern nicht nur an den Seiten, sondern auch an den Nerven. Ab Windstärke neun wird es richtig interessant. Taugt mein Buch zum Windvogel? Kann mein Buch die Geschichte der Luftfahrt verändern? Fragen, die jeden Urlaub bereichern.

Gefahr 2: Sand

Sand alleine ist schon reizend. Hatschi! Sand in einer explosiven Mischung mit Sonnenöl ist geradezu lebensgefährlich. Im Strandkorb geht es ja noch. Aber als Strandbuch auf dem Handtuch ist man der Misere schutzlos ausgeliefert. Das wird seine Spuren hinterlassen, Kameraden.

Gefahr 3: Möwen, Krebse, Quallen

Merke: „Möwen, Krebse, Quallen können Büchern nicht gefallen." Die Gründe überlasse ich Ihrem Erfahrungsschatz. Nur so viel: Brrr, Igitt.

4. Das stille Örtchen

Ich habe lange überlegt, ob ich diesen Punkt erwähnen soll. Es ist irgendwie so ... Na ja. Aber Freunde, man kommt nicht daran herum und muss den Tatsachen ins Auge sehen. Die Toilette steht in der Gunst der Leser erstaunlich weit oben. Sie ist ja auch ein einmaliger Ort der Abgeschiedenheit und der geistigen Erholung. Abschließen - und Ruhe ist. Es ist eine Oase des Müßiggangs in einer hektischen, kalten Welt. Vielleicht die letzte. Eine Viertelstunde Schüsselschmökern ist dabei kein Luxus. Gut, das müssen nicht unbedingt Bücher sein. Bedienungsanleitungen sind traditionell eine beliebte Lektüre. Aber auch die Autozeitschrift wird außerordentlich gerne mitgenommen. Kein Wunder. So wie ich das beobachte, lesen Männer viel häufiger auf der Toilette als Frauen. Schwupps, sind sie weg. Vor allem, wenn Rasenmähen und Shoppingtouren anstehen ... Es gibt aber auch Leute, die sich gleich eine ganze Toilettenbibliothek einrichten, für den Fall, dass es geschäftlich mal wieder länger dauert. Ehrlich gesagt, mir stinkt das ein bisschen. Kulturgut sollte schon angemessen konsumiert werden. Konzentrieren Sie sich doch bitte demnächst auf die Kernkompetenzen des Toilettenbesuches. Ihr Buch sagt Danke!

Lassen Sie sich bitte an Ihrem Lieblingsleseort fotografieren.
Oder an dem kuriosesten Platz, an dem Sie ein Buch verschlun-
gen haben. Kleben Sie das Bild gerne hier ein. Hauptsache ich
bin über Ihre merkwürdigen Lesegewohnheiten rechtzeitig im
Bilde. Man muss sich ja vorbereiten – auf den Mount Everest.

*„Wenn man im Mittelpunkt einer Party stehen will,
darf man nicht hingehen."*

Audrey Hepburn (1929 – 1993),
britische Schauspielerin

P

PARTY!

Der Welttag des Buches

Bücher leisten viel für die Menschheit. Sie unterhalten, machen klug, geben Ihrem Zuhause eine Seele ... Deswegen ist es nur recht und billig, dass für uns einmal im Jahr eine große Party organisiert wird. Und zwar am 23. April. Dieses Datum hat die Generalkonferenz der UNESCO im Jahr 1995 zum *Welttag des Buches und des Urheberrechts* erkoren. Er soll auf die fundamentale Bedeutung des Buches und seine unverzichtbare Rolle in der Informationsgesellschaft hinweisen. Unverzichtbare Rolle! Ja, da können der Fernseher, die *Xbox* und dieses Internet mal ganz genau zuhören. Unverzichtbare Rolle, Kollegen!

Die Idee des Welttages geht übrigens auf eine Tradition in Spanien zurück. Am 23. April feiern die Katalanen ein großes Fest zu Ehren des Heiligen Georg (*Sant Jordi*), dem Schutzpatron Kataloniens. Millionen von Rosen und Büchern wechseln an diesem Datum den Besitzer. Gut, die Tradition, dass Männer ihrer Angebeteten eine Rose schenken, geht auf die Verehrung des Heiligen Georg zurück. Seit den zwanziger Jahren werden am Sankt Jordi-Tag aber auf den Straßen auch jede Menge Buchstände aufgebaut. Dass die Bücher ins Spiel kamen, hat Vincet Claver Andres angezettelt, ein pfiffiger

Buchhändler aus Barcelona. Im Jahr 1923 hatte er den Eindruck, dass nicht genug Bücher gekauft würden. Das macht Buchhändler naturgemäß nicht sonderlich glücklich. Doch Vincet jammert nicht, Vincet handelt. Er stellte etwas sehr Willkommenes fest: Am Georgstag 1616 ist sowohl William Shakespeare als auch Miguel de Cervantes verstorben. Zwei Schriftsteller par excellence. Eine denkbar glückliche Fügung. Daraus müsste sich doch Kapital schlagen lassen ...

(Was eigentlich aber auch nicht stimmt. Denn: Shakespeare und Cervantes starben zwar am gleichen Datum, jedoch nicht am selben Tag. Verwirre ich Sie? Mache ich doch gerne! Zu dieser Zeit wurde in England nämlich noch nach dem julianischen Kalender gerechnet, während in Spanien schon der gregorianische Kalender galt. Somit starb Shakespeare zehn Tage später als Cervantes. Na ja, egal.)

Da zwei so noble Schriftsteller also am fast gleichen Tag gestorben sind, bot es sich doch an, dass die Damenwelt den Herren als Gegenzug für eine duftende Rose ein gutes Buch zurückschenkt. Das ist doch für alle nett. Und Vincet freut sich auch. So wurde der Sankt Jordi-Tag mit der Zeit zum erklärten Fest der Romantik – und der Romane.

Aber der *Welttag des Buches* ist ja nicht das einzige Partydatum im Kalender eines Buches. Das wäre ja traurig. Manchmal frage ich mich, ob wir Bücher eigentlich vergnügungssüchtig sind. Man könnte es fast meinen, so viele Literaturfestivals gibt es. (Erinnern Sie sich noch an Bookstock? Oha.) Ganz zu schweigen von Buchmessen. Das ist so wie für euch Kirmes. Man trifft nette andere Bücher, chillt zusammen ein bisschen

in der Auslage, manche Bücher gewinnen sogar attraktive
Preise. Konfetti! Schöne Sache.

✎ AUFGABE:

*Feiern Sie in diesem Jahr den Welttag des Buches! Bewusst.
Gönnen Sie sich einen Kurzurlaub in Katalonien, kaufen Sie
Bücher bis zum Abwinken, stürmen Sie in die Bibliotheken ...
Oder kümmern Sie sich einfach mal richtig liebevoll um Ihren
Buchbestand. Einmal Einbandmassage für alle, wird immer
gerne genommen. Aber ohne Schlammpackung bitte, viel hilft
nicht zwangsläufig viel.*

EXKURS

Quiz

Zehn Fragen, die Ihr Leben nicht verändern

Beantworten Sie bitte diese zehn äußerst kniffeligen Fragen.
Wie was gewinnen? Sie sind ja lustig. Sie gewinnen Einsicht
über sich, ich gewinne Wissen über Sie.

Ist doch wunderbar! So jetzt unten weiterlesen, ja? Brav.

**1. Stellen Sie sich vor, Sie wären ein Buch. Verfassen Sie
bitte kurz Ihren Klappentext:**

2. Was war als Kind das erste Buch, das Sie eigenständig gelesen haben? (*Der Aufbau des Alls aus der Sicht der Quantenphysik*? Sie denken auch ich glaube Ihnen alles, hm? *Peterchens Mondfahrt* trifft es wohl eher.

3. Welches Buch haben Sie schon mindestens dreimal verschlungen? Was hat dieses Buch, was andere Bücher nicht haben? (Wenn man seine Lieblinge schon bevorzugt, muss man das plausibel begründen, sonst säen Sie den Nährboden für böse Tinte.)

4. Hand aufs Herz: Welches Buch steht nur repräsentativ in Ihrem Regal, um sich vor Gästen wichtig zu machen? (Ich durchschaue alles. Alles.)

5. Welchen Autor würden Sie gerne einmal persönlich treffen? Welche Frage würde Sie ihm stellen? (Keine Idee?

Zum Beispiel: Wo kann man diese schicke Jacke kaufen? Gibt es die auch in grün?)

6. **Welches Buch sollte Ihrer Meinung nach in keinem Haushalt fehlen?**

7. **Haben Sie schon einmal Bücher weggeworfen? (Muss ich wissen. Je eher, desto besser. Meine Lebensversicherung interessiert das auch.)**

   Ja ☐   Nein ☐   Weiß nicht ☐

8. **Welches Buch sollte Ihrer Meinung unbedingt einmal geschrieben werden? (Worauf warten Sie noch?)**

9. Welches Buch verschenken Sie am liebsten? Gibt es dafür einen besonderen Grund? (Außer einem ansprechenden Preis.)

10. Stellen Sie sich selbst eine Buchfrage und beantworten Sie sie möglichst geistreich.

„*Ich mag meine Bücher nicht. Sie enthalten nichts Neues
für mich, andere dagegen sind manchmal voll netter
Überraschungen.*"

Alberto Moravia (1907 – 1990),
italienischer Schriftsteller

Q

QUASSELSTRIPPEN, QUENGLER UND QUERULANTEN

Meine Nachbarn – Charakterstudien

Epik, Lyrik, und Dramatik. Mehr muss ich gar nicht sagen. Ganz im Geist der drei literarischen Gattungen, gestaltet sich auch der Alltag im gut sortierten Buchregal. Sie haben das ja noch nicht selbst erlebt, aber wenn viele unterschiedliche Buchcharaktere aufeinandertreffen, wird's spaßig, spießig und speziell.

Erst neulich gab es bei uns einen lebhaften Streit darum, ob ein Lesebändchen das Buch eine Reihe tiefer noch berühren darf oder ob das schon *Regalfriedensbruch* ist. Irgendwann sind dann die Seiten geflogen. Huiii! Gut, dass das dicke juristische Wörterbuch geschlichtet hat.

Ich habe schon so viele verstörende Buchcharaktere getroffen, wo fängt man da an? Manche Werke haben echt nicht mehr „alle Seiten im Band", wie wir zu sagen pflegen. Aber man kann sich seine Nachbarn halt nicht aussuchen. Epik, Lyrik, Dramatik …

Der *Roman*

Mein direkter Nachbar heißt *Roman*. Ihrer auch? Ach, Zufälle gibt's. Welchen Roman kennen Sie denn? Den historischen

Roman, den Liebes-Roman, den Brief-Roman? Die sind alle eigentlich ganz sympathisch. *Roman* kann einem immer ganz viel erzählen. *Roman* ist dabei auch sehr einnehmend. Also so im Regal. Da müssen die anderen Bücher schon schlank sein, sonst wird es schnell eng. *Roman* ist ein moderner Erfolgstyp. Er ist die epische Großform der Neuzeit.

Die *Poesie*

Ach, die *Poesie*, unser kleiner veilchenfarbender Gedichtband. Die spricht immer so ein bisschen singend, oft auch in Versen und gerne kryptisch mit vielen Sprachbildern und so. Ich muss mir jedes Mal zusammenreimen, was die Gute mir sagen will. Klappt manchmal auch. Aber ehrlich gesagt: Gelegentlich habe ich den Eindruck, die ist nicht mehr ganz (Ge)dicht. Ihre Texte sind auch kursiv gedruckt. Alles ziemlich schräg.

Hören Sie mal mit, ich spreche sie jetzt an:

Ich: „Hallo *Poesie*, wie geht's Dir?"

Poesie: *„Ich schlafe am Tag, in der Nacht wache ich. Ich habe wieder Chiasmus."*

Ich: „Bitte?"

Poesie: *„Eine symmetrische Überkreuzstellung von semantisch oder syntaktisch einander entsprechenden Satzgliedern. Oh weh."*

Ich: „Hmmh."

Poesie: *„Der Schultern weißer Schnee wird werden kalter Sand. Ach, und jetzt auch noch eine ‚Inversion'. Jammer der Welt, prassle auf meine Seiten."* (Seufz)

Ich: „Äh, ja. Kann man was machen? Magst Du mit mir aus dem Fenster schauen? Vielleicht wird der Briefträger wieder von Terrorterrier Wuffi gebissen.

Poesie: „Je früher der Abschied, desto kürzer die Qual."

Ich: Ohne Worte.

Poesie kann aber auch so nett sein. Sie drückt sich dann unglaublich schön aus. Dann sage ich, der Literaturhistoriker Karl Otto Conrady hat vollkommen Recht, wenn er anmerkt: Auch heute noch verstehen die meisten unter Lyrik „solche Verse, in denen Gefühl und Stimmung schwingen, in denen sich Menschlich-Seelenhaftes empfindungsvoll verlautbart, in denen Mensch und Welt, Ding und Ich zu einer innigen Einheit verschmolzen sind."

Ah schau, jetzt ist es passiert! Ich wusste es! Wuffi, aus! Der Briefträger bringt zwar Bücherpäckchen aus dem wilden „Amazonas", aber deswegen muss man noch lange nicht dreimal zubeißen. Einmal reicht doch. Sowas.

Das Drama

Merke: Drama hat schlechtes Karma. Ich wohne nicht so gerne neben einem. Das ist schnell ein Trauerspiel und am Ende gibt es immer eine Katastrophe. Wahlweise wird jemand geblendet, verfällt dem Wahnsinn oder stirbt. Manchmal auch alles zusammen. Das sieht man den Büchern auch schon an. Immer verdüstertes Cover, miese Mine zum miesen Spiel. In Europa ist das Drama übrigens in Griechenland entstanden. Wie, mit dem Euro? Verstehe ich jetzt nicht. Aristoteles hat als erster eine Theorie des Dramas entwickelt. Drama ist dabei Therapie. Je mehr die Zuschauer im Theater leiden, desto besser. Wer sich ausgeheult hat, ist im Alltag wieder fit, *Katharsis* nennt man das. Der Inbegriff des Dramas ist für mich aber Shakespeare. Für Schüler auch. Schüler müssen immer Shakespeare-Dramen analysieren. Ich habe mal zwei Teenies beobachtet, die haben darüber gejammert, dass sie immer Hunger kriegen, wenn sie Shakespeare lesen. Der eine machte dann aus *Hamlet* Kotelett, sein Kumpel erhob *King Lear und Macbeth* kurzerhand zu den Fastfoodketten des Elisabethanischen Zeitalters. Den Lehrer wird's in der Prüfung sicherlich freuen. Les' miserables. Aber zum Drama zählen ja zum Glück auch Komödien. Es gibt zudem noch Zwittertexte, die Tragikkomödien. Das ist dann Verzweiflung mit Humor.

Über Schrift

Sie sehen, den Charakter seiner Buchnachbarn zu erforschen, ist immer lohnenswert. Erste elementare Wesenszüge offenbart bereits der Blick auf das Schriftbild. Ist es chaotisch und irgendwie wirr? Glückwunsch, dann ist es der Inhalt höchstwahrscheinlich auch. Na ja, wenn man es mag. Die meisten Bücher kommen aber mit einer sauberen, gepflegten Erscheinung daher, das wird schließlich gesellschaftlich so von uns erwartet. Man möchte ja fein aussehen. Als kleines Manuskript aus gutem Verlagshaus wird man schon früh mit dem Buch-Knigge vertraut gemacht. Lektion 56 weiß ich noch: „Auf ausreichende und richtige Abstände achten …" Das war Teil der Prüfung vor meiner Druckfreigabe. Das ist stressig, sage ich Ihnen. Die Prüfung vor der Druckfreigabe ist eines der härtesten Examen überhaupt. Sie glauben gar nicht, auf was man alles achten muss … Das interessiert Sie schon wieder nicht? Achso, Prüfung haben Sie noch nie gemocht. Verstehe.

Aber auch die Art der Schrift ist ein Indiz, das Ihnen das Wesen eines Buches schnell näher bringen kann. Möchte es gerne gelesen werden und macht es dem Leser mit kleinen Serifen leicht – oder ermüdet die Schrift die Augen, damit das Buch schnell wieder seine Ruhe hat? Was Serifen sind? Ich habe Ihnen ja schon von Buchstaben erzählt. Eitles Gesocks. Eine Serife ist quasi eine kleine Locke mit der sich der Buchstabe schmückt. Ich zeige Ihnen das mal im Direktvergleich mit mit einer Sans-Serife, einer Schnörkellosen, die Locken albern findet.

Werte „**TIMES**"-Buchstaben!
„Ja bitte, wie kann ich helfen?"

He, ihr hippen „**HELVETICA'S**", kommt mal her!
„Yo, was gibt's?"

Hier gibt's was umsonst!
„Was denn?"
„Was denn?"

Och, schon weg.

Unterschied gesehen?

HALL
of
FAME

R

5X REKORDBÜCHER

Höher, schneller, Buch

Der Internetkonzern Google schätzt, dass es rund 130 Millionen verschiedene Bücher auf der Welt gibt. Mindestens. Doch echte VIBs sind selten. *Very important books* haben seitenweise Charisma, sind einzigartig, uralt ... Hier eine kleine Auswahl, die Ihnen den Einstieg in unsere erlesene Promiriege erleichtert.

Das Buch der Bücher

Die Bibel ist das Buch mit den meisten in den Umlauf gebrachten Exemplaren. Laut dem *Guiness-Buch der Rekorde* beträgt allein die zwischen 1815 und 2000 verkaufte Zahl der Bibelexemplare 2,5 Milliarden Stück. Hm. Also in den nächsten 1500 Jahren könnte ich das vielleicht auch schaffen. Notiz an mich: 1000-Jahres-Plan aufstellen. Stress!

Neben der Verbreitung wird auch die Anzahl der Übersetzungen der Bibel von keinem anderen Buch auch nur annähernd erreicht. Bibeltexte liegen in über 2.400 Sprachen vor.

Lieb und teuer – Wertvolle Bücher

Was muss ein Buch mitbringen, um ein hochbezahlter Star zu werden, dabei Wertrekorde zu brechen, Millionen bei Auktionen zu erzielen oder Versicherungen schlaflose Nächte zu bereiten? Schauen wir uns das aktuell teuerste Buch der Welt an.

Zu Ihrer Information und meiner Überraschung: Es ist klein und braun. Zustand, na ja. Und doch macht es alle ganz verrückt. Denn es ist nicht nur klein und braun, sondern auch alt und selten. Und somit wertvoll. Es hört auf den Namen *The Bay Psalm Book* und ist das erste Buch, das auf dem Gebiet der heutigen USA gedruckt wurde, im Jahr 1640. Nur elf der einst 1.700 Exemplare sind bis heute noch erhalten. 14 Millionen Dollar brachte es bei einer Auktion Ende 2013 ein. Es war im Besitz einer Bostoner Gemeinde, die es um die Kosten einer Kirchensanierung zu tragen, versteigert hat. Dabei war es eigentlich noch ein Schnäppchen, denn der Wert war im Vorfeld auf 15 bis 30 Millionen Dollar geschätzt worden. Da hat der meistbietende Milliardär richtig preisbewusst eingekauft. Es gilt: Gut betucht = gut bebucht.

Unübertroffen bleibt jedoch Leonardo da Vincis *Codex Leicester*. Die handgeschriebenen Manuskriptseiten wechselten 1994 für 30,8 Millionen Dollar in den Besitz von Bill Gates.

Doch das (wohl) wertvollste Buch der Welt schlummert woanders. Ich nehme mich mal nicht in die Wertung mit auf. Man ist ja bescheiden. Es wohnt in der Heidelberger Universitätsbibliothek in Deutschland und heißt *Codex Manesse*. Die üppige Liederhandschrift in mittelhochdeutscher Sprache hat es in sich. Als das Buch 2006 für eine Ausstellung auf Reisen ging wurde es für 50 Millionen Euro versichert.

Schwere Kost

Ganz schwer dabei war Jahre lang *Das Buch der Apokalypse*. Es entstand zwischen 1958 und 1961 mit der Beteiligung des Künstlers Salvador Dali. Das gute Stück wiegt 210 Kilogramm. Das kann auch schnell die Apokalypse für das Bücherregal bedeuten ... Da braucht es einen echten Rekordhalter.

Das aktuell größte Buch der Welt kann mit einem Gewicht von 1,5 Tonnen darüber aber trotzdem nur müde lächeln. Das in Dubai präsentierte Werk *This is Muhammad* sprengt alle Dimensionen. Ich bin dagegen ein Fliegengewicht. Klein aber oho. Trifft auch auf das nächste Büchlein zu. Ja wo ist es denn?

Das kleinste Buch der Welt

Da hilft auch keine Lesebrille, versuchen Sie es mal mit einem Mikroskop. Mit bloßem Auge ist das japanische Buch *Shiki no Kusabana* (Blumen der Jahreszeiten) nicht zu entziffern, denn es ist so groß wie ein Stecknadelkopf. Die Buchstaben messen gerade mal 0,01 Millimeter. Das putzige Ding enthält Namen und winzige Schwarz-Weiß-Illustrationen japanischer Blumen. Es hat allerdings weniger als 49 Seiten, was der Korrektheit halber gesagt sein muss. Es ist also ein Möchtegernbuch, ein Hochstapler. Aber wir sind heute mal nicht so kleinlich.

Das rätselhafteste Buch der Welt

Dass sich der Inhalt eines Buches nicht immer allen erschließt, ist nicht neu. Wenn aber die ganze Menschheit keinen so rechten Plan hat, worum es geht, wird es interessant. Ich spreche hier von meinem durchtriebenen Kollegen dem

Voynich-Manuskript. Man, macht sich das Ding wichtig. Niemand versteht seine seltsamen Zeichnungen. Die Sprache in der es verfasst ist, ist unbekannt. Ah, Sie sind jetzt neugierig? Na ja, ein bisschen Klatsch kann nicht schaden. 1912 hat es der Buchhändler Wilfried M. Voynich in der Nähe von Rom in einer Truhe mit alten Manuskripten wiederentdeckt. Alte Manuskripte sind gut. Kryptische alte Manuskripte sind besser. Sie machen die Leute süchtiger als Schokoladenkekse. (Gutes Stichwort: Bitte nicht nach dem Genuss von Schokoladenkeksen Bücher anfassen, wir mögen das nicht!) Sein Leben lang hat der gute Voynich versucht, das Stück zu entschlüsseln und dem bizarren Gekrickel einen Sinn zu entlocken.

Doch bis heute kann keiner so recht sagen, wer es wann verfasst hat und was es zum Inhalt hat. Aber so vor 500 bis 600 Jahren sei es entstanden, wird geschätzt. Es gibt Mandalas, astrologische Tafeln, unbekleidete Damen, botanische Bilder ... Für alle was dabei. Über den Verfasser kursieren wilde Theorien: Aliens, ein betrügerischer Scherzkeks, ein Gelehrter, der sein Wissen verschlüsseln wollte ... Regelmäßig tut sich etwas rund um das Manuskript, das Forschern einfach keine Ruhe lässt. Neueste Studien verorten es in Mexiko und vermuten hinter der mysteriösen Schrift eine Aztekensprach. Aber Genaues weiß man noch nicht.

Also müssen wohl doch Sie ran. Das Beste: Das Buch ist öffentlich zugänglich. Es ist das meistverlangte Werk in der Beinecke-Bibliothek der Yale Universität in New Haven in den USA. Die Leute kommen scharenweise aus der ganzen Welt angereist, um sich darüber gepflegt den Kopf zu zerbrechen. Knobeltourismus nennt man das. Keiner kann es lösen, aber alle wollen dabei sein. „Weiß-nich'-Manuskript" – Ich war hier! Fotos der Buchseiten stehen übrigens auch im Internet. Mit Voynich trainieren Sie auf unterhaltsame Weise Ihren Geist – oder werden wahnsinnig.

✎ AUFGABE:

Wählen Sie unter folgenden Aufgaben die aus, die Ihnen am meisten zusagt.

a) Lösen Sie das Rätsel des Voynich-Manuskripts.
   Plaudern Sie Ihr Wissen aber idealerweise nicht aus, so verderben Sie anderen nicht die Freude. Sie können Geheimnisse traditionell schlecht für sich behalten? Dann verfassen Sie halt ein Lösungsbuch, wenn Sie es partout nicht lassen können. Erfinden Sie dazu aber bitte eine Geheimsprache, die keiner versteht. Am besten auch Sie nicht, um auf Nummer sicher zu gehen.

b) Stellen Sie einen verrückten persönlichen Buchrekord auf.
   Lesen Sie zum Beispiel dieses Jahr zwei statt eines.

„Es ist ein Nachteil für gute Gedanken, wenn sie zu rasch aufeinanderfolgen; sie verdecken sich gegenseitig die Aussicht. Deshalb haben die großen Künstler und Schriftsteller reichlich Gebrauch vom Mittelmäßigen gemacht."

Friedrich Nietzsche (1844 – 1900),
deutscher Philosoph, aus *Menschliches, Allzumenschliches*

S

DAS DILEMMA DES SANDWICH-BUCHES

Eine Hommage an den zweiten von drei Bänden

Das *Sandwich-Buch* hat es in vielfacher Weise schwer. Ich bin keins, aber ich kann Ihnen trotzdem Geschichten darüber erzählen, da fangen selbst Sie unempfindsame Seele an zu weinen … Bitterlich, lange. Na ja, vielleicht auch nicht. Das *Sandwich-Buch* wird gemeinhin als Fortsetzungsband bezeichnet. Ein Fortsetzungsband auf den in der Regel noch ein Fortsetzungsband folgt. Trilogie nennt man das. Alles, was heute auf dem Buchmarkt auf der Höhe der Zeit ist, muss eine Trilogie sein. Was ja an sich vollkommen in Ordnung ist. Doch betrachten wir bei diesem perfiden Spiel nur ein einziges Mal das gemeine *Sandwich-Buch* – also den überaus bedauernswerten Band 2.

Er ist das Reihenmittelhaus im Bücherregal und gut beraten, nicht unter Platzangst zu leiden. Band 2 steht immer im Schatten von Band 1, auf ihm lastet ein enormer Erfolgsdruck, den das arme Ding kaum erfüllen kann. Man muss sich nur mal den Spaß machen und die Kritiken von Buchtrilogien vergleichen: „Die Fortsetzung lässt die Pfiffigkeit und gut durchdachte Struktur vermissen, die Band 1 auszeichnete, während der Autor im letzten Werk zu alter Form zurückfindet." Das ist die Wahrheit, liebe Freunde. Band 2 hat nichts zu melden. Er ist literarische Klebemasse, Assistent für das große Finale oder einfach nur Band 1 mit gelegentlich anderen Worten. Tragisch, oder? Sie sind jetzt dazu eingeladen, sich mit Sandwich-Büchern solidarisch zu zeigen.

AUFGABE:

Betrachten Sie alle Bücher, die sie haben. Sind Trilogien oder Fortsetzungsbände darunter? Fein. Nehmen Sie den zweiten Band vorsichtig in die Hand. Ich weiß, Sie haben damit Probleme ... Also, gaaanz langsam. Sehen Sie das Buch mit neuen Augen. Vergessen Sie Band 1 und 3. Vergleichen Sie nicht, urteilen Sie nicht. Lesen Sie es noch einmal in Ruhe – dann entdecken Sie Dinge, die Sie in gieriger Erwartung auf Band 3 beim letzten Mal gar nicht registriert haben ... Wetten?

„Auch den Möbelpackern sind Leute, die Bücher lesen,
zuwider. Aber sie haben wenigstens einen guten Grund dazu."

Gabriel Laub (1928 – 1998),

polnischer Journalist

T

TYPOLOGIE DER RUHESTÖRER

Leser aus der Sicht des gemeinen Buches

Raschel, raschel, hi hi … Haben Sie jemals gehört, wie sich Bücher nachts in Bibliotheken unterhalten? Wie in den Regalen geflüstert, gekichert und gelästert wird? Das klassische Lieblingsthema, neben Pflegetipps für speckige Seiten und ein strahlendes Cover: der Leser. Naturgemäß verfügen Leihbücher über ausgeprägte Leserkenntnis. Viel Heiteres zu erzählen gibt es traditionell nach der Ferienzeit, während derer die halbe Bibliothek im Urlaub weilt.

Montag, 21.30 Uhr:
Es folgt eine erhellende wie gleichermaßen schockierende Live-Aufzeichnung aus der Stadtbibliothek in E.

Buch 1: „Es war herrlich auf den Malediven. Nicht so öde wie Lanzarote letztes Jahr. Obwohl meine Seiten hier und da etwas zu braun geworden sind.

Buch 2: Braune Seiten gehen ja noch. Zwischen meinen Seiten war lauter Sand. Mallorca.

Buch 3: Hat Dein Leser nicht darauf geachtet? Nicht umsonst gibt es das Sprichwort: „Steck den Band nicht in den Sand.“

Buch 2: Nö, aber das Donnerwetter an unserer Ausleihtheke war der Schwere des Vergehens angemessen. Da gibt Heidi immer alles: „Schauen Sie sich dieses misshandelte Buch an, haben Sie noch Körner am Strand gelassen? Wie sollen wir das Gebröckel denn Ihrer Meinung nach entfernen?"
Buch 1: Das Sandmännchen sagte nur: „Ich dachte Sie haben dafür so eine Maschine."

Gepflegtes Losgepruste auf allen Ebenen.

Buch 2: Nun, eine Maschine gibt es nicht, aber dafür den kleinen Praktikanten. Einen ganzen Tag lang saß er mit der Bürste am Tisch und entfernte die Sandkörner. Peeling mit Massage – es war gar nicht schlecht.
Buch 1: Das kann er bestimmt gut. Der kleine Praktikant staubt uns auch immer so schön ab. Er sieht goldig aus mit seiner roten Brille, ein richtiger Bücherwurm.
Buch 4: Aber seine Hände sind so kalt. Brrrr.
Buch 5: Ah, kalt ... Gutes Stichwort. Wenn es jemanden interessiert: Ich war in Schweden, also quasi am Nordpol.
Buch 4: Interessiert mich nicht.
Buch 5: Nun, ich bin an den klassischen *Überflieger* geraten. Ich frage mich, ob der Typ bei dem Lesetempo meine komplexe Kriminalgeschichte überhaupt erfassen konnte. Zack, nächste Seite. Zack, nächste Seite. Meine 300 Seiten in 24 Stunden! Mir war schon ganz schlecht.
Buch 4: Er wollte es halt schnell hinter sich haben. Bei Dir reichen ja auch die Schlüsselworte. Toter in der Pampa/Inspektor ermittelt wahllos rum/Inspektor hat heiße Spur/

Heiße Spur war falsch/Inspektor ist verliebt/Neue heiße Spur/Mörder beim Angeln verhaftet/Schwedenkrimi Ende. **Buch 5:** Dreistes Ding. Wann hat *Dich* denn zuletzt jemand eine Nacht lang durchgelesen? Ich erkenne doch ein neidisches Kochbuch, wenn es neben mir steht. **Buch 3:** Nicht streiten, Kinder! Wir sind Kulturgut, da muss man sich benehmen! Der *Überflieger* ist mir persönlich aber deutlich lieber als die *Schmöker-Schnecke*, die für eine Seite zehn Minuten plus braucht. Das ist anstrengend. Die dehnen die Seiten auch immer so merkwürdig, streichen zwanzigmal drüber. Sowas geht mir auf den Leim.

Zustimmendes Gemurmel.

Buch 2: Aber ich finde *Schmöker-Schnecken* hingebungsvoll. Wenn jemand so genau liest, muss er Bücher wirklich lieben. **Buch 4:** Wer sagt denn hier was von genau lesen? Die sind einfach nur langsam! **Buch 1:** Schon einmal einen *Querleser* gehabt? Das sind die richtig Verwirrten. **Buch 2:** Hält er das Buch etwa falsch? Soll vorkommen. **Buch 1:** Nicht ganz. *Querleser* lesen zwei bis zehn verschiedene Bücher gleichzeitig. 20 Minuten in dem einen, 30 in dem nächsten und auf der Toilette noch was ganz anderes. **Buch 2:** Ach so, der Mann neigt wohl zum „Seitensprung". Ähem.

So geht das mitunter stundenlang …

✎ **AUFGABE:**

Was für ein Typ sind Sie eigentlich? Also Lesetyp. Ich habe mir meine Meinung schon gebildet. (Mehr sage ich nicht, man muss nicht immer alles verraten, was man so denkt.) Hier ein kleiner international standardisierter Schnelltest, der Ihnen hilft, sich selbst einzuschätzen.

Wie lange brauchen Sie, um im Urlaub ein 200-Seiten-Buch zu lesen?

a) *Eine Woche. Ich tauche gerne intensiv in die Geschichte ein. Ich lese aber meistens eher 500-Seiten-Bücher. Manchmal denke ich, ich wäre selbst Teil der Handlung. Morgen habe ich meinen ersten Schultag auf der Zauberschule. Ich bin schon aufgeregt, ob ich dieses Gleis finde ... Das sieht doof aus, wenn ich am Bahnhof gegen die falsche Wand renne.*

b) *Eine Stunde, 22 Minuten, 15 Sekunden. Ich arbeite gerade an meiner Bestzeit. Hängt natürlich von der Schriftgröße ab.*

c) *Lesen? Im Urlaub? Geht's noch?*

Welches literarische Genre bevorzugen Sie?

a) *Alles*

b) *Krimis*

c) *Die Fernsehzeitschrift*

Was denken Sie, wenn Sie einen Schmöker in der Buchhandlung zum ersten Mal in der Hand halten?

a) *Schön verarbeitet. Und dieser herrliche Duft. Das will ich haben! Notiz an mich: Passt farblich auch gut zur Topfpflanze.*

b) *Ah, Band 30 von meinem Lieblingsautor. Ob es wohl auffällt,*
wenn ich eine Stunde, 22 Minuten, 15 Sekunden in der Lese-
ecke sitze? Nicht, dass dann wieder die Verkäuferin stört, wenn
gerade der Mord passiert. Ich muss es unauffällig machen,
unschuldig aussehen. Mal sehen. Wenn ich mich von hinten
links anschleiche ...

c) *Was ist eine Buchhandlung? Wovon das Buch handelt, oder*
was?

Auflösung:

a) *Auch 1000-Seiten Bücher behandeln Sie mit viel Respekt, ob-*
wohl die meisten Leute hinter ihrem Buchrücken tuscheln,
dass sie zu dick seien. Was anderen zu anstrengend ist, macht
Ihnen erst richtig Freude. Das ist ein liebenswerter Charak-
terzug! Sie sind ein Bücherwurm, *herzlichen Glückwunsch!*

b) *Sie suchen die Herausforderung. Sie lesen mit mörderischem*
Tempo, lieben den Nervenkitzel und das Rauschen von Seite
zu Seite. Super, solange Sie dabei trotzdem alles verstehen.
Sie sind ein Büchergepard, *ein Fibel- und Bibelraser (vorm*
Herrn).

c) *Hier gibt es noch etwas Luft nach oben. Sie kennen Bücher*
aber vom Hörensagen. Schön, dass Sie gerade mich lesen.
Obwohl mich das ein bisschen erschreckt. Habe ich viel ge-
meinsam mit Ihrer Fernsehzeitung? Sie sind ein Lesemuffel,
ein Bücher-sind-mir-Schnurzepiep.

„Übersetzer sind als geschäftige Kuppler anzusehen,
die uns eine halbverschleierte Schöne als höchst
liebenswürdig anpreisen: sie erwecken eine
unwiderstehliche Neigung nach dem Original."

Johann Wolfgang von Goethe (1749 – 1832),
deutscher Dichter

U

UNTERIRDISCH ÜBERSETZEN!

Welche Tücken ein Buch bei seiner Reise in eine andere Sprache erwarten

Fährmann, hol über! Wer Literatur übersetzen will, muss schon so ein kleiner Adrenalinjunkie sein. Denn auf dem Weg von einer Sprache in eine andere, kann uns Texten ziemlich viel Übles zustoßen. Manche erreichen das andere Ufer nie. Unübersetzbar. Untergegangen. Gelegentlich landen wir auch verwirrt und sinnentstellt in fremden Sprachgewässern und wissen gar nicht so recht, ob wir noch wir selber sind. Das ist aber zum Glück selten. Häufiger ist dieser Fall: Wir sind zwar an sich gut angekommen, aber die Überfahrt hat uns Kraft gekostet. Jetlag! Kulturschock! Wer uns noch vor dem Reiseantritt erlebt hat, merkt uns die Strapazen sofort an. Wortwitz, Esprit und leise Zwischentöne haben wir unterwegs nach und nach über Bord geworfen. Wir sind ein korrekter Text, aber kein brillanter Text. Lost in translation.

Verwunderlich ist das nicht. Bei der Literaturübersetzung stehen die Leutchen vor anderen Problemen, als bei der Übertragung eines nüchternen Geschäftsberichtes. (Wobei auch Geschäftsberichte durchaus hier und da beeindruckende fiktionale Prosaelemente aufweisen können – was hier aber nichts zur Sache tut.) Wer literarische Texte übersetzen will, muss uns zunächst einmal verstehen, bzw. deuten. Damit fängt der Spaß schon an.

Schritt 1: Der Übersetzer versucht zu erspüren, was der Autor wie mit uns sagen möchte. In der Originalsprache.

Schritt 2: Dann kann er irgendwann darüber nachdenken, *wie* das *was* der Autor *wie* mit uns sagen möchte in einer anderen Sprache funktionieren *könnte.*

Bereits bei Schritt 1 wird klar: Hier wird ein anderes Buch geschrieben. Keine zwei Übersetzer werden uns gleich verstehen. Obwohl sie dieselben Worte vor sich haben. Verrückt, gell? Ist wie bei diesen Bildertests beim Psychiater. Kennen Sie die? Na, das dachte ich mir.

Dabei gilt in der Regel: Der Übersetzer kann sich anstrengen wie er will, irgendwann bekommt er den bösen Satz zu hören. „Das Original ist aber besser." Liebe Freunde, das Original ist sowieso *immer* besser. Es ist von Natur aus ein ungleiches Duell. Das Original hat das Echtheitszertifikat. Ungefiltert nimmt es den Leser mit in die Ideenwelt des Autors, eröffnet andere Denkweisen und entführt in fremde Kulturen. Einer Übersetzung haftet an, nur eine Nachahmung der Wahrheit zu sein. Platons Höhlengleichnis mit Texten quasi. Aber können wir Bücher durch das Übersetzen wirklich nur verlieren? Oder gewinnen wir in anderen Sprachen ungeahnte Schätze hinzu? Bestimmt, wenn es liebevoll gemacht ist. Ich frage mich, ob es Bücher gibt, die erst durch das Übersetzen richtig gut werden.

Übersetzer, die besser schreiben als der Autor quasi. Hmmh.

Wie dem auch sei, man kann über das Übersetzen lamentieren solange man möchte, es ist ein enorm wichtiges Gewerbe. Zumindest solange nicht jeder fließend hunderte von Sprachen spricht, was in nächster Zeit eher nicht zu erwarten ist. „Die Weltliteratur wird von Übersetzern gemacht", sagte der portugiesische Literatur-Nobelpreisträger José Saramago. Und er hat Recht. Will man als Buch ein Werk der Weltliteratur werden (und wer möchte das nicht?) muss man Kopf und Herz der Menschen erreichen – und dabei ihre Sprache sprechen.

Hallo?
Bitte übersetzt mich, ja?

你好

Ich möchte gerne demnächst nach China reisen!
Hallo? Können Sie Chinesisch? Wenn ja:

 **AUFGABE:**

Sie wissen schon, was jetzt zu tun ist.

*„Die Dichter bauen Luftschlösser, die Leser bewohnen sie,
und die Verleger kassieren die Miete."*

Maxim Gorki (1868 – 1936),
russischer Schriftsteller

V

VERLEGER UND EHRLICHE FINDER

Der Buchstab

Lektoren, Grafiker, Marketing-Experten, Übersetzer, Hersteller … Neben Mama und Papa hat ein Buch noch jede Menge Verwandtschaft. Sie wohnen naturgemäß im Verlagshaus und sind rastlose Geburtshelfer. Sie sehen das Manuskript mit etwas anderen Augen, als seine Eltern. Verzogene Texte? Entlarven sie sofort. Das müssen sie auch, schließlich verdienen sie mit Büchern ihr Geld. Der schwedische Schriftsteller August Strindberg gab seiner Tochter diesbezüglich einst einen famosen Rat: „Wenn Du einmal heiraten solltest, so nimm nicht den Dichter, sondern den Verleger." Die größte Publikumsverlagsgruppe weltweit ist übrigens die *Penguin-Random House Inc.* Da wird Fräulein Strindberg sicherlich schnell fündig.

Der Verlag entscheidet, ob ein Text auf der Karriereleiter nach oben klettert – und ein echtes Buch werden darf. Oder ob er auf Nimmerwiedersehen in der Schreibtischschublade verschwindet. Was nebenbei bemerkt auch nicht schlecht ist. Es ist ruhig, relaxed, ein Leben ohne Druck halt. Viele Texte wollen aber den Druck, streben ihn förmlich an. Das ist eine perfide Ausprägung unserer Leistungsgesellschaft.

Der Lektor

Ein Lektor ist erstmal schlichtweg ein Leser. Ein privilegierter Leser, der Texte liest, die andere noch gar nicht kennen. Und vielleicht auch nie kennen lernen werden. Das Lektorat ist für uns Bücher eine Castingshow. Ein Spießrutenlauf. An wessen Stil wird rumkritisiert? Wer scheidet aus? Wer kann die Jury davon überzeugen, dass er ein ungeschliffener Rohdiamant ist? Es gibt Tricks, um Lektoren auf seine Seite zu ziehen. Alles beginnt mit dem ersten Auftritt, wie schon der amerikanische Schriftsteller William Cuthbert Faulkner ermahnte: „Schreibe den ersten Satz unbedingt so, dass der Leser auch den zweiten lesen möchte." Klappt nicht immer bis zuweilen gar nicht. Manche Autoren entschuldigen sich daher vorsichtshalber schon im Anschreiben beim Lektor für ihren langweiligen Anfang: *„Das Buch wird ab Seite 120 richtig fantastisch. Die Geschichte entwickelt sich (nach der Einleitung) zu einer spannenden Synthese aus detaillierten Charakterstudien und extrem überraschenden Wendungen, die im Sog der ..."* Schön, aber so viel Geduld hat keiner. Was vorne nicht überzeugt, ist hinten egal. Im ersten Satz wird entschieden, ob er für den Leser auch der letzte ist. Ist wie beim Tennis. Apropos Tennis.

Spiel, Satz, Sieg

Hier sind zur Erheiterung zwischendurch fünf erste Sätze der Literaturgeschichte. Wissen Sie aus welchem Buch sie stammen?

1) Ilsebill salzte nach.

(Dieser Textanfang gewann im Wettbewerb „Der schönste erste Satz" der „Initiative Deutsche Sprache".)

2) Nennt mich Ismael.

3) Alle glücklichen Familien ähneln einander; jede unglückliche aber ist auf ihre Art unglücklich.

4) Es ist eine allgemein anerkannte Wahrheit, dass ein Junggeselle im Besitz eines schönen Vermögens nichts dringender braucht als eine Frau.

5) Ob ich mich als der Held meines eigenen Lebens entpuppen werde, oder ob diese Position von irgendjemand anderem eingenommen wird, müssen die folgenden Seiten zeigen.

✎ AUFGABE:

Zur Sache, Sätzchen. Mit welchen unvergesslichen Worten würde ein Roman aus Ihrer Feder anfangen?

Die Marketingabteilung

Die Marketingabteilung verfasst unsere Geburtsanzeigen und sorgt dafür, dass bald alle von der Neuerscheinung wissen. Sie strebt an, dass möglichst viele Journalisten über das Buch berichten. Positiv wäre gut, negativ ist aber auch nicht schlecht. Das macht die Leute neugierig. Es gilt: Wer bemerkt werden will, muss klappern. Viele Bücher haben daher auch eine recht große Klappe. Doch „nicht jedes Buch ist seinem Klappentext gewachsen", bemerkte schon der Schweizer Verleger Peter Schifferli.

Werbung für Bücher ist übrigens etwas grundlegend anderes als Werbung für Spülmaschinenentkalker oder französischen Weichkäse. Obwohl, eigentlich nicht. Es gilt eigentlich immer: AIDA. Mit AIDA macht man weder bei Weichkäse noch bei Büchern etwas falsch. Kennen Sie AIDA? So heißt Ihre Nachbarin? Interessant. AIDA steht für „Attention, Interest, Desire, Action". So muss Werbung sein! Ein kreativer Blickfang macht den Anfang. Das kann zum Beispiel ein verstörend sinnfreier Buchtitel sein. Das Interesse wird geweckt, der Wunsch das Buch zu besitzen steigt ins Unermessliche, der Impuls sein Geld bei der nächstbesten Gelegenheit in bedruckte Papierfasern zu investieren, lässt sich kaum mehr unterdrücken. Und Schwups, das Buch wird zum Verkaufserfolg des Jahres. In den seltensten Fällen. Aber man muss es versuchen.

✎ AUFGABE:

Entwerfen Sie unten eine Werbung für ein Buch Ihrer Wahl. Wenn Sie den Schwierigkeitsgrad erhöhen möchten, nehmen Sie ein Werk, das Sie eher „na ja/geht so/doof" fanden. Lügen Sie notfalls wie gedruckt. Wenn Sie das nicht möchten, da es moralisch verwerflich ist, können Sie auch Ihr Lieblingsbuch in den höchsten Tönen loben. Aber strengen Sie sich an. „Das Buch ist toll", ist noch kein vorzeigbares Ergebnis! Denken Sie an AIDA. Nicht die Nachbarin!

„Der Mensch erkennt, dass es nichts nützt,
wenn er Geist an sich besitzt,
weil Geist uns dann erst Freude macht,
wenn er zu Papier gebracht. "

Eugen Roth (1895 – 1976),
deutscher Lyriker

DIE WEISSHEIT DES BLATTES

Über den Unsinn Seiten mit Worten zu füllen

Ich weiß nicht, wie es Ihnen so geht, aber für die meisten Leute ist ein weißes Blatt Papier eine Plage apokalyptischen Ausmaßes. Haben Sie einmal beobachtet, wie jemand versucht, etwas zu schreiben? Unbehaglich rutschen die gequälten Kreaturen vor dem Blatt hin und her, versuchen sich durch hypnotisches Anstarren der leeren Fläche irgendwie besser zu fühlen und ahnen mit aufsteigender Panik:

Weißes Blatt = Spiegel meiner Ideenlosigkeit, erbarmungsloser Nachweis meines Scheiterns.

Weißes Blatt Papier? = ABGRUNDTIEF BÖSE.

Warum eigentlich? Gibt es denn etwas Makelloseres als dieses reine Nichts, das einem entgegenleuchtet? Auf einem weißen Blatt Papier ist noch alles möglich. Noch niemand hat es besudelt mit irgendwelchem belanglosen Gekrickel, noch niemand hat ihm eine Bestimmung aufgezwungen. Weiße Blätter haben Potential.

Gut, das Dilemma des weißen Blattes beginnt schon früh. Schullehrer wissen die Qualität leerer Blätter traditionell wenig zu schätzen und schreiben hässliche Zahlen darauf. Denn das beschriebene Blatt ist ein Einblick in den Kopf – und wenn nichts draufsteht, ist auch nichts drin, im Kopf. Klarer Fall. Doch was ist mit jenen unverstandenen Wesen, die weiße Blätter zu sehr lieben, um ihnen grundlos weh zu tun? Ich habe großes Verständnis dafür! Wenn man schon etwas aufschreibt, muss es wichtig sein. Von so unerhörter Wichtigkeit, dass man es wagen darf, dem Blatt seine Gedanken aufzudrängen. Wenn ein Blatt gefüllt werden darf, dann nur mit etwas Neuem. Ein weißes Blatt lässt im Kopf Dinge entstehen, die groß sind, die es vielleicht eines Tages sogar rechtfertigen würden, aufgeschrieben zu werden. Bis dahin bleibt das Blatt am besten weiß.

✎ AUFGABE:
....

Sie finden rechts eine leere Seite*. Hübsch, oder? Sie dürfen Sie gerne beliebig füllen, aber nehmen Sie sich dafür Zeit. Mindestens drei Monate. Und ich möchte etwas Neues sehen, etwas Geniales, etwas, was Ihnen mindestens den Literatur-Nobelpreis...

Ach, machen Sie einfach.

*Eine Vakatseite ist eine absichtlich freigelassene Seite. Meiner Mama sind nicht die Einfälle ausgegangen. Oder Mama?

„Alle Geheimnisse liegen in vollkommener Offenheit vor uns.
Nur wir stufen uns gegen sie ab, vom Stein bis zum Seher.
Es gibt kein Geheimnis an sich, es gibt
nur Uneingeweihte aller Grade.“

Christian Morgenstern (1871 – 1914),
deutscher Dichter

AUTOR XY ... UNGELÖST

Ich war es nicht! Über Pseudonyme

Es kommt nicht selten vor, dass wir Bücher den echten Namen unserer Eltern gar nicht kennen. Bestürzend, aber Realität. Kein Wunder: Autoren lieben Pseudonyme. Man könnte glatt meinen, ein gehöriger Teil der Schriftstellerzunft würde beim FBI arbeiten, denn Pseudonym ist griechisch und steht für Tarn- oder Deckname. Gut, bei weniger begabten Schriftstellern ist das in der Tat nicht ganz dumm. Doch auch die ganz Großen der Zunft spielen liebend gerne Verstecken. Der klassische wie banale Fall ist: Elfriede Müller-Schneiderlein findet ihren Namen zu langweilig, um ein Buchcover zu zieren. Etwas anderes muss her, am besten auf Englisch. Aus unserem Elfriedchen wird so ganz schnell eine klangvolle Priscilla Pageturner.

Arm dran ist natürlich, wer einen Namen hat, den die Leute schon mit ganz anderen Dingen in Verbindung bringen. George Clooney zum Beispiel. Wenn George Clooney ein Buch schreibt, denken alle George Clooney hätte ein Buch geschrieben. Unser armer George steht dann natürlich dumm da. Manche Autoren fürchten auch – wenn sie bereits erfolgreich veröffentlicht haben – in eine literarische Schublade geschoben zu werden. Unbelastet ein neues Genre ausprobieren?

Fehlanzeige! So wählte J.K. Rowling für ihren Post-Potter-Krimi *Ein plötzlicher Todesfall* vorsichtshalber ein Pseudonym. Doch ein anderer Name macht noch keinen anderen Schreibstil. Man kam ihr schnell auf die Schliche.

Das Versteckspiel kann aber auch andere Gründe haben. Im 19. Jahrhundert sahen sich Autorinnen mit dem gesellschaftlichen Problem konfrontiert einfach das falsche Geschlecht für literarischen Erfolg zu haben. Ein erdachter Männername war da eine einfache wie geniale Lösung. So veröffentlichten zum Beispiel die Geschwister Brontë als Currer, Ellis und Acton Bell. Amantine-Aurore-Lucile Dupin de Francueil kennt die Welt unter dem Namen George Sand. Bis zur Autorenlesung alles easy. Auch die Angst vor Verfolgung und die Umgehung von Publikationsverboten sind in der Literaturgeschichte ein häufiger Grund für den erdachten Namen.

Haben Sie beispielsweise schon einmal von Berthold Bürger, Melchior Kurtz, Peter Flint, Robert Neuner, E. Fabian gehört? Hinter all diesen Namen verbirgt sich der Schriftsteller Erich Kästner. Die Pseudonyme ermöglichten es ihm während der Diktatur der Nationalsozialisten zu veröffentlichen.

✎ **AUFGABE:**

Nur mal so aus Interesse: Was für ein ungehöriges Buch würden Sie denn nur unter einem Pseudonym veröffentlichen? Ihre Autobiografie? Das macht Sinn. Stellen Sie sich vor, Sie möchten ein Buch schreiben und keiner soll es wissen. Sie werden schon Ihre Gründe dafür haben, schätze ich mal. Suchen Sie sich ein Pseudonym, das Ihr Werk auf die Bestsellerlisten schießen lässt, einfach nur, weil hinter Ihrem mysteriösen Namen eine absolut geniale Feder stecken muss.

Soll ich Ihnen noch brühwarm einen Trick verraten, wie Sie auf bewährte Art und Speise Ihren Tarnnamen finden?

Der Pseudonym-Generator, klassisch, heiß und schmackhaft:

Buchstabensuppe
(für 2 bis 4 Autoren)

ZUTATEN:
1 Topf mit 1 l Gemüsebrühe,
250 g Buchstaben(nudeln)

ZUBEREITUNG:
1. Brühe aufkochen lassen.
2. Buchstaben langsam unter Rühren in die Brühe geben.
3. Je nach gewünschter Strichstärke der Buchstaben, 4-8 Minuten köcheln lassen. (light: 2 Minuten, regular: 4 Minuten, bold: 6 Minuten, extrabold: 8 Minuten)
4. Mit Salz und Pfeffer abschmecken.
5. Starren Sie in die Suppe.
6. Angeln Sie sechs Buchstaben heraus. Na? Pseudonym gefunden?

Viele Schriftsteller entwickeln auf diese ausgefeilte Art übrigens auch Ihre Romananfänge. Beispiel aus der Suppenschüssel: A F M G H F. Sie ahnen es, das sind die perfekten Anfangsbuchstaben für den ersten Satz eines neuen Krimis. „Am frühen Morgen ging Henrik fischen …" A F M G H F. Aber nicht nur Erfolgsautoren verfahren nach diesem Prinzip, sondern auch Geheimdienste. So entstehen Codes und so. Die Weisheit der Suppe ist seit Generationen bekannt und geschätzt.

„Wenn du nicht all deine Bücher lesen kannst,
dann nehme sie wenigstens zur Hand,
streichle ein wenig über sie, schau' etwas hinein,
lasse sie irgendwo auffallen
und lese die ersten Sätze, auf die dein Auge fällt,
stelle sie selbst auf's Bord zurück,
ordne sie nach deinen Vorstellungen so,
dass du wenigstens weißt, wo sie sind.
Lass' sie deine Freunde sein; lasse sie auf alle Fälle
deine Bekannten sein."

Winston Churchill (1874 - 1965),
britischer Staatsmann und Schriftsteller

Z

KLEINE ZOOLOGIE DER BIBLIOPHILEN TIERCHEN

Eine behutsame Annäherung

Ich frage mich gerade, ob Sie eine sind. Lassen Sie sich mal anschauen. Ja, könnte schon sein. Wenn ich Sie als Leseratte bezeichne, fühlen Sie sich dann geschmeichelt oder verklagen Sie mich wegen Beleidigung? Ich muss Sie aber warnen: Wer ein Buch verklagen will, hat gelegentlich Probleme einen guten Anwalt zu finden.

Wie dem auch sei, dieses possierliche Geschöpf ist seit dem späten 19. Jahrhundert bekannt. Nur positiv besetzt ist der Begriff für eine vielesende Person nicht, das gebe ich zu.

Der Bücherwurm dagegen ist der Welt schon etwas länger geläufig. In der Literatur wurde diese Metapher wohl erstmals 1747 von Gotthold Ephraim Lessing in seinem Lustspiel *Der junge Gelehrte* verwendet. Ursprünglich handelt es sich übrigens um eine bösartige Nagekäferart, die auch mal gerne Bücher befällt. Finde ich nicht gut. In Tschechien gibt es komplementär dazu noch die beliebte Büchermotte.

Ratten, Würmer … Genug über den literarischen Kleinzoo. Widmen wir uns der Bibliophilie in ihrer Reinform, dem Synonym für Kulturverstand und Bildung. Anders als die

Leseratte nagt sich der Bibliophile nicht durch alles Gedruckte, das ihm in die Hände fällt. Nein, nein. Der Bibliophile wählt aus. Er sammelt. Der Literaturkritiker Walter Benjamin hat diese Passion denkbar poetisch beschrieben:

„Einer der schönsten Momente im Leben eines Sammlers ist der, wenn er ein Buch ergattert hat, an das er nie zuvor gedacht und das er viel weniger noch bewusst gesucht hätte. Er entdeckt das Buch einsam und verlassen auf einem Markt und kauft es, um ihm die Freiheit zu schenken – so wie der Prinz aus Tausendundeiner Nacht die schöne Sklavin kauft. Wissen Sie, für einen Sammler findet ein Buch die wahre Freiheit irgendwo in seinen Regalen."

Freiheit, im Regal? Der gute Mensch hat noch nie 365 Tage im Jahr in einem verbracht, nehme ich an.

Schauen wir uns aber nun die durchaus bedenklichen Ausprägungen der so genannten Bibliomanie (Buchwahnsinn) an, die übrigens auch in medizinischer Fachliteratur mit großer Ernsthaftigkeit aufgeführt werden. Es sind dunkle Abgründe, für die wir stark sein müssen. Wagen wir gemeinsam den Schritt ins Unbekannte.

Biblioklast (von griech. *klastein* = zerbrechen): jemand, der besessen ist, vom Wunsch Bücher zu zerstören.

Sind Sie auch so drauf? Oha. Ähm, ich bin eigentlich auch kein richtiges Buch. Nein, in mir steckt sowas von wenig Buch. Ich bin eher so eine Ansammlung von zufälligerweise bedrucktem Papier. Schauen Sie da, ein Elefant!

Bibliopath (von griech. *pathos* = Leiden): jemand, den Bücher krank machen.

Krank? Wieso denn krank? Soll er mal was Lustiges lesen. Das Buch der Marmelade, *etwa oder die* Höhepunkte in der Geschichte des Betons. (s. S. 90).

Bibliophag (von griech. *phagein* = essen): jemand, der Bücher buchstäblich verschlingt.

Geht's noch? Aber ich weiß, es gab mal so einen Kaiser in Äthiopien, Melenik II. war das. Bei jedem Wehwehchen hat er einige Bibelseiten herausgerissen und verspeist, um seine Genesung voranzutreiben. Angeblich mit Erfolg. Nicht nachmachen! Bei Risiken oder Nebenwirkungen essen Sie stattdessen lieber die Packungsbeilage und plagen Sie Ihren Arzt oder Apotheker.

Bibliophob (von griech. *phobos* = Angst): jemand, der Angst vor Büchern hat.

An ein paar Stellen wollte ich Ihnen ja Angst machen, damit Sie mich zumachen. Hat super funktioniert. Sie sind also offensichtlich kein Bibliophob. Ist doch eine gute Nachricht. Ich kann übrigens auch ganz lieb sein und mich ein bisschen in Ihren Arm kuscheln. Frieden?

Biblioskop (von griech. *skopein* = betrachten): jemand der Bücher durchblättert, ohne zu lesen.

Das ist ein allgemein beobachtbares Massenphänomen. Schockiert mich gerade so gar nicht.

Bibliokleptoman (von griech. *kléptein* = stehlen): zwanghaftes und impulsives Stehlen von Büchern ohne materielles Interesse. *Wehe! Bücherfluch gefällig? Wer mich stiehlt, dem soll drei Jahre lang eine kleine dunkle Regenwolke folgen, aus der es im Winter auch ergiebig schneien kann und die ... He, zuhö*ren!

Bibliotaph (von griech. *taphos* = Grab): jemand, der seine Bücher versteckt und vor der Welt verbirgt (Wie in einem Grab). *Was denn? Der hat halt Angst vor den Kleptomanen.*

✎ AUFGABE:

So, das war es jetzt. Sie können mich bitte behutsam schließen und in das Regal zurückstellen.

Wie Zugabe? Wir sind hier doch nicht im Zirkus. Letzte Seite, Buch Ende. Peng.

Hm?

Ja. Ja, ist gut. Ich habe Sie auch ein kleines bisschen lieb gewonnen. Wollen Sie noch was machen? Mal sehen. Ok, aber das fällt mir jetzt sehr schwer. Ich gebe Ihnen das letzte Wort. Beenden Sie mich. (Oh, ist das heute emotional. Hat irgendwer Musik?)

Vervollständigen Sie diesen Satz. Schreiben Sie, was Sie fühlen:

Ich liebe Bücher, weil ...

Meine Mama

Sabrina Notka wurde 1986 in Dortmund geboren. Ihr erstes Buch schrieb sie im Alter von fünfeinhalb Jahren. Das vierseitige Werk schilderte die Abenteuer des Igels „Itti". Die ambitionierte Itti-Startauflage betrug ein Exemplar. Verlegt wurde es im Kinderzimmer, was Sie durchaus wörtlich nehmen können.

Auch heute noch gehört Mama, gemessen am Durchschnittsalter abendländischer Autorinnen, zum jungen Gemüse. Studiert hat sie Politik- und Literaturwissenschaft. Nebenbei schrieb sie für verschiedene Zeitungen und griff für Radio- und Fernsehsender zum Mikrofon. In Trier und München absolvierte sie ein journalistisches Volontariat. Heute arbeitet Mutti bei meinem Buchverlag in Luxemburg.

Mein Personalausweis

(garantiert biometrisch)

ISBN 978-2-87954-288-1

1. Auflage 2014
© Editions Guy Binsfeld, Luxemburg 2014

Lektorat: Thomas Schoos
Art Direktion: Steffi Willkomm
Illustrationen: Michel Geimer
Produktion: Stanislas Marchal
Druck: Trento

www.editionsguybinsfeld.lu

Mit der Unterstützung des

FONDS
CULTUREL
NATIONAL

Astrobotanische Feldforschung für Dummies

KOCHEN MIT FLIEGENPILZEN

Morden Vegan

HINTER DEN 7 BERGEN

Ein Alp-Traum

50 fesche Fotos für Fashionfreaks JETZT FOLL FLOTTER FARBE